哲さんの声が聞こえる

中村哲医師が見たアフガンの光

加藤登紀子【著】

合同出版

あなたの行く朝

作詞・作曲　加藤登紀子

いつの間にか夜が明ける遠くの空に
窓をあけて朝の息吹を
この胸に抱きしめる
あなたの行く朝の
この風の冷たさ
私は忘れない　いつまでも

もしもあなたが見知らぬ国で生きていくなら
その街の風のにおいを
私に伝えておくれ

あなたのまなざしのはりつめた想いを
私は忘れない　いつまでも

海の色がかわり肌の色がかわっても
生きていく人の姿にかわりはないと
あなたはいったけれど　あの晩好きなうたを
次から次へと歌いながら
あなたが泣いていたのを私は知っている
生まれた街を愛し育った家を愛し
ちっぽけな酒場や　ほこりにまみれた部屋を愛し
兄弟たちを愛したあなたを　私は知っている

いつかあなたが見知らぬ国を愛しはじめて
この街の風のにおいを
忘れていく日が来ても
あなたの行く朝の
別れのあたたかさ
私は忘れない　いつまでも

プロローグ

人はみな偶然の場所で、ある日突然に生まれ、さまざまな事情に制約されて生きていくのですよね。

親を選べないように、「好きだから」とか「嫌いだから」ということで人生が決められるわけではありません。

でも、その果てしない無限の中で、一瞬一瞬を選び取るのは、やっぱり自分なんです。なぜかそうするしかない、というような閃《ひらめ》きのようなものが、いつの間にか道を決めてくれている！

その中で、たったひとりの人間が、どうしてこのように生きることができたのか、その足跡が壮大な伝説となって後世を照らす、そんな人が生みだされるんですね。

まぎれもなく中村哲さんの奇跡の人生は、そのような類い稀な選ばれた人の歴史です。

でも哲さんは、決して、完全無欠で盤石《ばんじゃく》な神だったわけではない。自分自身の無力さと、危うさと、不確かさに、悔しい失望を噛み締めながら、激流の中をやっとの思いで泳ぎ渡ることができた、ひとりの人間です。

哲さんの目の中に、深い絶望と向き合い続けてきた人の、底なしの哀しみの色があったことを忘れません。そこにいつもあふれ出しそうな怒りの涙があったことを、大切にしたいと思います。

いつもずっしりと骨に染みるようだった彼の言葉は、ひとつひとつ、あの声で今も聞こえてきます。

人類はこの地球の上に、遅れて登場した動物です。たくさんの命の中で、他の生命にはあり得なかった欲望の追求を押し通した人類史は、今、たくさんの解決不能な問題に突き当たっています。

問題に突き当たるたびに、どこかに犠牲者を見つけ、その生命を脅かしながら、いくつもの文明を築いては崩壊させてきたのです。

哲さんがアフガンの地から私たちに投げかけたのは、これからの未来を、光あるものにするのか、それともこのまま奈落の底に向かうのか、その岐路に立たされていることへの警告です。

今、あなたが何歳であろうと、ここからの時間は未来のためにあります。

哲さんは、もうこの世にはいないけれど、彼の声は今も私たちに問い続けています。

その声を聞き、受け止め、それぞれの場所で少しでも光の方へ一歩を踏み出せるように、中村哲さんの思いを共にできたら、と願ってこの一冊を綴りました。

途方に暮れながらも、与えられた時間を素晴らしく生きたいと願うあなたに贈ります。

２０２１年１月

目次

第一部　命をかけたアフガニスタン

第二部　哲さんへの手紙

第三部　生きるための10の言葉

巻末資料

第一部

命をかけたアフガニスタン

■関連地図

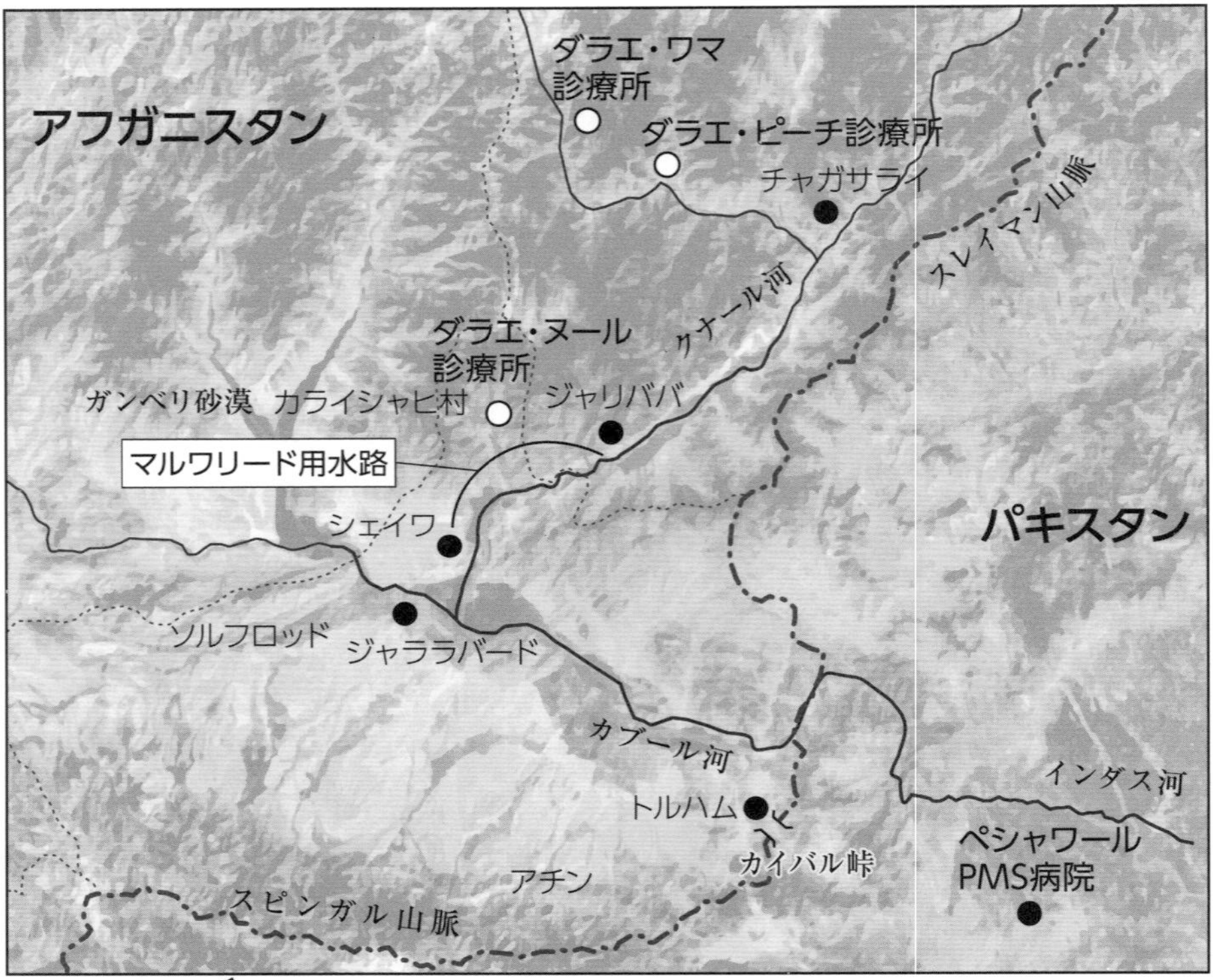

アフガニスタン
ダラエ・ワマ
診療所
ダラエ・ピーチ診療所
チャガサライ
スレイマン山脈
クナール河
ダラエ・ヌール
診療所
ガンベリ砂漠
カライシャヒ村
ジャリババ
マルワリード用水路
シェイワ
パキスタン
ソルフロッド
ジャララバード
カブール河
トルハム
カイバル峠
インダス河
ペシャワール
PMS病院
アチン
スピンガル山脈

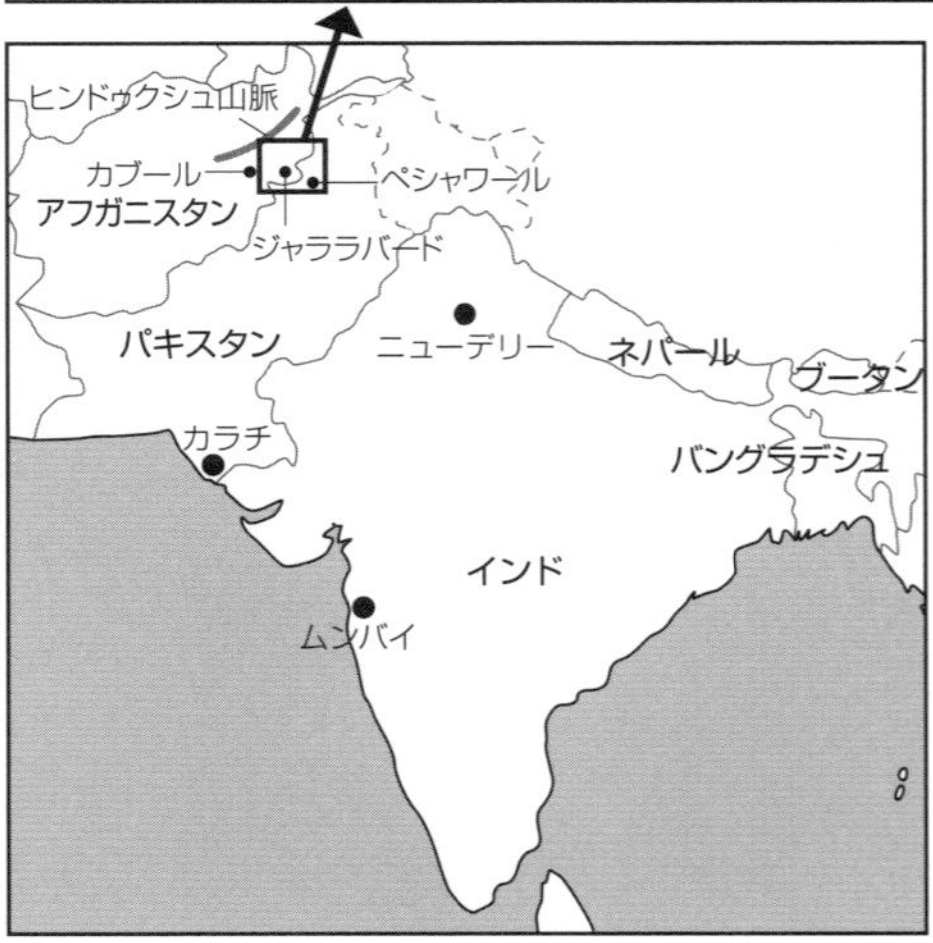

ヒンドゥクシュ山脈
カブール
アフガニスタン
ペシャワール
ジャララバード
パキスタン
ニューデリー
ネパール
ブータン
カラチ
バングラデシュ
インド
ムンバイ

中村哲さんの残された膨大な記録、何冊もの著書を読み、世界の歴史地図を広げ、哲さんの足跡を追いかけました。

想像を超える苦難の日々の中、時にはユーモアにあふれた会話、時には一歩も譲らない怒り、哲さんが受け止めた人々の悲痛な声が聞こえます。

そこから学ばなくてはいけないものの、あまりの大きさに、呆然としながらも、人々の生きようとする姿の素晴らしさに感動しています。

私たちの向き合っている21世紀の現実は、幾重にも積み重ねられた民衆の生と死の傷跡の上にある。それを忘れないためにも、中村哲さんの声をたどっていきましょう！

まずは、１９８４年、中村哲さんが、医師としてペシャワールに派遣された一歩から……。

1　アフガニスタンの歴史

「国境というのは非常に曖昧です。」◆1

哲さんは、柔らかにこんなふうに紹介していますが、この地域をめぐる壮絶な歴史がこの言葉に秘められています。

日本のように海に囲まれた国と違い、地続きの国境線はスリル満点。歴史的な出来事のたくさんの地層の上にあるからです。ましてこの中央アジアは、インダス文明発祥の地。坩堝《るつぼ》のように人々が集まり、文化を競った豊穣《ほうじょう》で長い歴史があります。

「アフガニスタンからアジアが、そして世界が見える」という哲さんの言葉は、この地域をめぐる問題の深さと複雑さを暗示しています。

哲さんが１９８４年に赴任することになったペシャワールは、アフガニスタンとの国境に近いパキスタン北西部の都市。

この頃、アフガニスタンは、１９７３年にアフガン王国を倒したダウード政権と、さらに

◉ペシャワール・ミッション病院はサイード・カーン廟の中に建てられた

1978年、人民民主党のクーデターによって生まれた社会主義政権が続き、アフガン国内のイスラム教を基盤とするムジャヘディン（イスラム聖戦士）との間にアフガニスタン紛争が起きていました。そこに1979年、ソ連軍が侵攻。そのソ連軍とアフガン政府軍に抵抗するイスラム勢力にアメリカが武器を送り込むなどの加担をして、米ソの代理戦争が泥沼化している状態でした。

この戦争で亡くなったアフガン人は約200万人、故郷を破壊された難民300万人がパキスタンに、300万人がイランに逃れたといわれています。

多くのアフガン難民がパキスタン北西部の難民キャンプに流れ込み、ペシャワールはその地域の中心にある街でした。

哲さんの所属することになったペシャワール・ミッション病院は、1904年にイギリスが設立した病院。開院された時から1960年まではアフガン・ミッション病院と呼ばれていたそうです。設立当時、アフガンはイギリスの保護国、パキスタンもイギリス領インド帝国でしたから。

１９０４年といえば日露戦争の起こった年。領土拡大を求めたロシア帝国は極東ばかりではなく、イギリス領だったこの地域にも南下しようとしていたのです。その力を押しとどめるために、アフガニスタンをイギリス・ロシアの緩衝地帯とすると両国が合意。アフガニスタンと今のパキスタンとの間に、パシュトゥン族の地域を切り裂くように「デュランド・ライン」が引かれました。

それが哲さんが怒りを込めて「ぶんどり境界線」と呼ぶ、今の国境です。

イギリスの保護国になるまでは、ここに何度もイギリスと戦ったアフガニスタン王国があり、その前にはこの地域全体がムガール帝国の領土でした。

この病院は、そのムガール帝国時代に建設されたサイード・カーン廟の中にあったというのですから、１９０４年の設立当時イギリスがいかに強い権限をもっていたかが伝わってきます。

サイード・カーン廟はインドのアグラにあるタージ・マハール廟と同じ様式で建てられたもの。荘厳で夏に涼しい素晴らしい建物だった、と哲さんは語っています。

遠い歴史の面影の中に、血なまぐさい帝国主義の闘争が持ち込まれた近代の嵐。その帝国のロシアを日露戦争で倒した日本という国への絶大な信頼感を伏線に、中村哲医師の大事業は、この場所から始まることになります。

2　ヒンドゥクシュ山脈との出会い

「目を射る純白のティリチ・ミールは、神々しく輝いている。」◆2

哲さんが、この赴任を決めたそもそものきっかけは、1978年にアフガニスタンの東部とパキスタン北西辺境州を隔てるヒンドゥクシュ山脈の最高峰、標高7708メートルのティリチ・ミール登山隊に参加したことでした。

ティリチ・ミールへのルートはパキスタンの北西辺境州の北辺チトラールから入り、チトラール川をさかのぼり、さらにその支流に沿って麓の村々を通過し、パルム氷河の末端にたどり着き、南壁側から標高3800メートルの地点にベースキャンプを設営し、登頂活動が行われました。

そこで見る山の美しさを、哲さんはこう書いています。

「目を射る純白のティリチ・ミールは、神々しく輝いている。」

「見下ろせば、オアシスの村々も、さながら緑の点となり、……全てのものが壮大な自然をと

◉ヒンドゥクシュ山脈の最高峰、ティリチ・ミール

おして啓示される力の前にひれ伏しているように見えるのである。」[3]と。

そのキャラバンの途上で哲さんは医師として、できる範囲で診療活動をすることにしていたのですが、行程が進むにしたがって増え続ける病人の群れに治療が追いつかず、途方に暮れます。

「道すがら、失明したトラコーマの老婆や、一目見てハンセン病とわかる村人に『待ってください』と追いすがられながらも、見捨てざるを得なかった。これは私の中で大きな傷となって、キャラバンの楽しさも重い気持ちで半減してしまった。」[4]

6000メートル、7000メートル級の山の連なるヒンドゥクシュ山脈の圧倒的な美しさと、医療機関の全くない見捨てられた人々への、この時の深い想いは最後まで哲さんをアフガニスタンに惹きつけた原風景になりました。

それから憑かれたように、何度もパキスタンを訪れたそうです。

「バザールの喧騒や荒っぽい人情、モスクから流れる祈りの声、荒涼たる岩石沙漠、インダスの濁流。総てこれら異質な風土も、かえってなじみ深い土地に帰って来るような不思議な郷愁にとらわれるのだった。」◆5

もっと大きな歴史の流れで見れば、ここはインダス文明発祥の地、ガンダーラの仏教文明もここで栄え、ギリシャのアレキサンダー、ササン朝ペルシャ、チンギス・ハンなど全ての中央アジアの征服者の足跡が残されたところです。私たちの感受性の中に、いいしれぬ懐かしさがあったとしても不思議はないかもしれません。

この運命の地が哲さんを呼び戻したのです。

3　伝統と近代化の闘い

「人々は数百年は変わらぬ生活を送っている。」[6]

アフガニスタンは私たちのイメージするような近代的な国家ではない、それが何となくの前提です。

ほとんど100パーセントの人がイスラム教徒で、どの村や街にもモスクを中心にジルガと呼ばれる地元の長老による伝統的自治組織があり重要なことを決定している。だから政府が何を決めても従う必要はない、そんな社会なのです。日本で言えば、「戦国時代に近い社会」と哲さんは説明しています。[7]

この国の面積は日本の1・7倍ですが、人口はざっと2000万人くらい。8割がヒンドゥクシュ山脈の谷あいの川沿いに隔絶されて暮らしているのですから、それぞれ固有の生活形態が守られ、さまざまな力に振り回されながらも、数百年変わらぬ自治の力と、農民としての自給自足生活に命を支えられ、古代から現代までを共存させる稀有な世界を可能にしたというこ

◉高地で牧畜と農耕で自給自足の生活をする農民たち

とです。

ですが、この封建制そのものを近代化しようとしたのは、外の力だけではありません。

イギリスの支配から1919年外交権を取り戻して独立したアフガニスタン王国は、トルコのケマル・アタチュルクに倣って、宗教から離れた世俗社会、共和主義を施行しようとし、王妃の一人は女性の地位向上を図り、自ら統治者になろうとしたといわれています。

1960年代、国王ザーヒル・シャーが立憲君主制を導入して民主化路線を推進したこともあったのです。

けれど、1973年、その王政をクーデターで倒したダウード政権が国名をアフガニスタン共和国に。1978年にはそのダウードもクーデターで殺され、急進的な社会主義政権が出現、国名はアフガニスタン民主共和国にと目まぐるしく変わります。

この時のイスラムの伝統を無視した強引な改革には、イスラムの僧たちが強く反発、聖戦（ジハード）が巻き起こります。

都市の知識人や学生が貴族階級を廃絶して「農奴解放」や「国民国家」を目指す近代化を求めても、地方の農村は決してこれを認めず猛反発する、この深い断絶がずっと続いたということです。


日本でも似たようなことが幕末に起こった、と考えてもいいのでしょうか。近代化を目指し統一国家を求めた倒幕派、それに抵抗した幕府軍。もしくは最後に反旗を翻した西郷隆盛の思想の中にも、西欧型の近代化への抵抗があったことを考えれば。

明治以降の富国強兵、脱亜入欧の試みが概ね肯定されてきた日本では、この近代社会と固有な文化との対立を問題視することはほとんどありませんが、哲さんはアフガンの人々と向き合う中で、「金はなくても食っていける農村社会」が、粘り強く存在し続けていたことに大きな愛着を感じ、それが未来への可能性であると見ていたのではないか、と思います。

4　イスラムの気風は、日本の武士道に似ている

「その地域の慣習や文化について一切これを良い悪い、劣っている優れている、という目で見ない。」◆8

哲さんは、どんな混乱した事態があってもこの地で医療に軸足を据えていく限り「思想信条は持ち込まない」と言い続けました。

「我々がいつも気を配るのは『平等』ということで、言い換えれば等距離でつき合うことである。また我々の目から見ていかに不合理なことがあっても、その土地のしきたりであればそれに従わねばならない。」◆9

ペシャワールで、患者と向き合いながら、中村哲さんの世界は多彩を極めていきます。

「我々の病棟は辺境社会の縮図である。……約70％がパシュトゥン部族出身者で、その他モンゴル系のハザラ族、ギリシア系のヌーリスタン族、トルコ系のウズベク族、タジク族……。患者の職業も様々である。地主、小作農、役人、警察官、軍人、乞食、クーチー（遊牧民）、鉄

◉ペシャワールのオールドバザール

砲鍛冶、密輸商人、バザールの店主、出稼ぎ労働者、ゲリラ指揮官、ムラー（イスラム僧）、モスクの寺男……」

こうした人々の中にある共通した独特の色調を、彼はこう表現しています。

「概して彼らは、物見高く、自由で気まま、衝動的で粗野である。割拠対立と滑稽に高い自尊心……」

そして、パシュトゥン部族を律する慣習、パシュトゥヌワレイとは、「パダル（復讐）」「メールマスティア（もてなし）」「ジハード（聖戦）」「ナームース（名誉）」「パドラガ（旅行者の保護）」「ジルガ（会議）」。総じて言えば「信義に厚く、勇気と徳と名誉を重んずる」ものであると。

こう書いてくると、私たちには馴染みのある気風、そう、日本の「武士道」が浮かび上がってきます。おまけに日本でのお歳暮、お中元のような礼の尽くし方もあるそうで、ハッキリ決まっているわけではないけれど、心得ていなければならない暗黙の礼儀が大事にされる。うーん、やっぱり日本に似ている！

パダル（復讐）も、まさに「サムライにっぽん」の因習。哲さんは、これだけは思いとどまらせるように奮闘したようですが、哲さん自身の育った北九州の炭鉱町の川筋の気風も似ていたのではと思う時、哲さんとこの人々との言うに言われぬ馴染み深さがあったことを感じます。

哲さん自身は洗礼を受けたクリスチャンであり、病院はキリスト教の宣教的な意図を持って設立されたわけですが、彼はどんな局面でも彼らの軸である「イスラム教」を重んじました。それはさまざまな力に翻弄され蹂躙《じゅうりん》された歴史の中で、人々をつなぐ唯一の「絆」だったからです。

哲さんは、砂漠に水を引く用水路を築き村を復活させたときも、「マドラッサ」というイスラム教寺院に併設される神学校（寺子屋）の再建に尽くしました。マドラッサで学ぶ子どもたちのことを単数で「タリーブ」、複数で「タリバーン」と呼ぶことが知られておらず、米軍が子どもたちが集まっていたマドラッサを爆撃し、「タリバーンを80人殲滅《せんめつ》」と報じたという悲劇もあったそうで、こんな暴挙への怒りを込め、彼らの悲願であったマドラッサの建設に力を注ぎました。異なる規範のなかに生きているものが、お互いに相手の側に立ってみることの大切さを、身をもって示したのです。

5　ハンセン病棟にサンダル工房を「予防に勝るものはない。」◆10

中村哲さんは、そもそもハンセン病の専門医ではなく、大学では精神科医を目指しており、このペシャワール赴任まで九州の神経内科のある病院に勤めていました。

ペシャワールへの赴任が決まった時、ハンセン病の治療に備えて一般内科と外科の研修を受けたそうです。

ハンセン病は細菌感染症でありながら、さまざまな合併症の治療が必要で、傷の縫合、皮膚移植、気管の切開や足の切断などの外科手術も不可欠で、あらゆる治療が含まれる統合医療です。

押し寄せるハンセン病患者に対応する医師の驚くべき不足の中で、奮闘を始めた哲さんですが、思いがけなく取り組んだのはなんとサンダル工房でした。

「患者の履き物を見ると、ボロボロで釘を打って修繕したものもあり、これでは傷ができない

◉院内でサンダル工房を開く

方が不思議であった。」[11]
　ハンセン病の症状の中で「うらきず」と呼ばれる症状があります。
「事態は単に足底に穴があくというに止まらない。患部には化膿菌の感染が起こり、骨髄炎で骨が破壊され、足の変形の重大な原因となる。」[12]
　患部を清潔にして数週間で治療ができても、この履き物ではたちまちもとに戻ってしまう。入退院の繰り返しになることから思いたったサンダル工房でした。
　治療用のサンダルを日本から取り寄せても、見栄えのよいものだと彼らは直ちに市場で売り飛ばしてしまう。それに、彼らにはパタニィ・サンダルという伝統のサンダルがあり、それでないと履いてくれない。それで哲さんは街の市場でサンダルをあれこれ買い込み、それを壊して研究し尽くして、ペシャワールで手に入る材料で、院内でサンダルを作ることにしたのです。

それは劇的な効果をあげるのですが、入院中も安静にしていなければいけないのに、患者たちは歩き回ったり、おしゃべりしたり、なぐりあったり、幼稚園児のような喧騒が絶えない。ある時入院していた女性が麻ひもの編み物でバッグを作っていたのを見て、それをヒントに、哲さん自ら麻ひもに染色して、編み物を流行らせました。患者がじっとベッドにいるようになり大いに治療効果をあげた、と楽しい場面が目に浮かぶようです。

薬も、ラベルの貼ってある正式のものだと、たちまち市場に消えてしまうので、手作りして渡したそうで、患者もできる限りそれを手伝い、院内は和気藹々《わきあいあい》、オアシスのようだったといいます。できるだけお金をかけないで、効果をあげる。哲さんの発想の柔らかさに脱帽です。

6　少年カダムとの出会い

「案ずるな、ムサルマーン（イスラム教徒）も、イサーイー（キリスト教徒）も、みんな何かをさがして巡礼しているのさ。」[13]

　ある少年と哲さんとの出会いです。

　1983年4月、彼はこのハンセン病棟に父に伴われ兄と一緒にやってきました。哲さんがここへ来る1年前のことです。

　らい腫型のハンセン病と診断され入院、1か月後に病状の悪化した兄が死亡。が、彼は多剤併用療法によりほぼ治癒していました。ですが、迎えにくるはずの父とは連絡のとれないまま、事実上彼は天涯孤独の状態。本人は17歳と言うけれど、12〜13歳に見える少年でした。

　哲さんが冗談まじりに、「おい、まだいのちがあるかい」と声をかけると、「先生、私のいのちはありますが、完全ではないです」と答えるような、なんだか世捨て人のような諦念を漂わせるこの少年が気にかかりました。

アフガニスタンのヒンドゥクシュ山脈の北麓のバダクシャーンからきたらしい。ペシャワールからは2日バスに乗るとチトラールの難民キャンプがあり、そこから歩いて約2週間の街です。

ソ連のアフガン侵攻後の内乱の中、ペシャワールにたどり着くまでは必死の道のりであったはず。音信不通の父親も帰路が無事であったかどうか定かではありません。

彼はある日、チトラールのキャンプまで行ってみたい、と言い出したのです。同じ故郷の親戚にでも会えれば、何か父の消息がわかるかもしれない。当然の願いなので、哲さんは外出許可を出し、彼がこのまま帰ってこないことも予想し、こう言いました。

「何か困ったことがあればいつでも戻ってくるように。危険な真似はせず、時を待ち、自立できるように読み書きを覚え、何か手仕事を身につけておくのも方法だ」と。

「しかし、それを誰がしてくれるのですか。学校に行け、訓練所に行け、あれをしたら、これをしたら、と皆はいうが、アフガン難民の訓練所もキリスト教会のアフガン人のための英語学校も、どこも僕を受け容れてくれなかった」と少年。

たしかに、彼のこれまでの日々の絶望が手に取るようにわかります。

哲さんは「よろしい、行きなさい。しかし、これは退院ではない。外出だ。お前のベッドはそのまま空けておく」と言って、送り出しました。

2週間後に帰ってきた彼は、興奮して、チトラールが故郷に似ていたことや、故郷から来ているはずの親戚に会えなかったことなどを話し、最後にこう尋ねたのです。

「先生も、いつかはここを出て行くのですか？」

哲さんは答えました。

「いつかはね。しかし、お前が一人だちするまでは、俺はここを離れない。ともかく今は、ここで手伝いをしていろ。悪いようにはせぬ。」

「案ずるな。ムサルマーン（イスラム教徒）も、イサーイー（キリスト教徒）も、みんな何かをさがして巡礼しているのさ。メッカは自分の中にあるんだ」と。

哲さんの「みんな何かをさがしているんだ」の一言が響きます。

少年の孤独を、少年だけのものにしない！　哲さんの想いが伝わってきます。

この少年カダムは、ずっと後になってアフガンに診療所を建てる仕事を果たす大事なスタッフの一人になりました。

7　1985年のクリスマス

「ハリマの笑顔こそが何よりも代えがたい贈り物であった。」[14]

「1985年のある日、2人の姉妹が老母を伴ってらい病棟を訪れた。」[15]（＊1）

3人はチャダルで顔を覆い、1978年に新患者として登録した時のボロボロになったカードを差し出したのです。

「別室でチャダルを取らせると思わずスタッフたちも息を飲んだ。妹は30歳にもならないのに鼻筋が陥《お》ち窪んで顔面が変形し、手指も鷲の爪のように曲がっていた。らい反応で全身に潰瘍化した膿疱があり、まるでぼろぼろの皮膚をまとっている骨格に見えた。」

8年前初めてこの病院に来た時はとっても美人だったというのですが、79年のソ連アフガン侵攻で、80年代から彼女たちの出身地クナールは内戦の激戦地となり、男たちはみなゲリラとして戦死し、彼女たち3人はパジョウル難民キャンプに身を潜めました。そして、ペシャワールへ来るバス代もない中で月日が過ぎたのです。

妹のハリマが高熱と全身の痛みで耐えられなくなった時、同情したゲリラの指導者が、ペシャワールに送りとどけてきた、という経緯です。

幸い、母と姉は半年後に小康を得て退院。ハリマだけが取り残されました。喉頭浮腫《こうとうふしゅ》で声がかすれ、しばしば呼吸困難と肺炎に陥った時、選択は2つしかありませんでした。

このまま重症肺炎で死を待つのか、気管切開に踏み切るか。

気管切開は喉に穴を開け気管から呼吸できるようにする手術、命は救えるが、声を失います。哲さんは悩み抜いた末、気管切開に踏み切りました。

この年のクリスマスの日、ソ連軍がカイバル峠まで迫り、峠の上で激戦。ペシャワールに負傷者が続々運ばれてくる最悪の事態を迎えていました。

「この1985年の暗いクリスマスを私は一生涯忘れることができない」と哲さんは書いています。

哲さんは、ペシャワールで一番上等のケーキを大量に買い込み、入院患者全員に配って、みんなを驚かせました。「この小さいケーキ1個で1週間分のメシが食える」と、みんなはもったいながったのでしたが、哲さんは「これくらいの贅沢はたまにはさせろ!」と、寒い部屋にガスストーブを入れ、ミルクをたっぷり入れた紅茶を配ったのです。

「ハリマも同室の女性患者と共に笑顔で向かい合っていた。変形した手で器用に気管切開の部位を押さえ、かすれ声をふりしぼって談笑し、ケーキをぱくついているのを見て私はほっとした。」

◉とても元気になったハリマさん（右）

この日のことが「契機」となって〈別にダジャレではありません〈笑〉〉アフガンに診療所をという気運が生まれ、ＡＬＳ（アフガン・レプロシー・サービス）、そして後のＪＡＭＳ（日本・アフガン医療サービス）発足の強い推進力になったそうです。

「変貌したのは、ハリマというらい患者のみではなかった。我々もまた彼女によって新しい目を養い、力を得たからである。」

医師としての哲さんは、そこから何十年にもわたるアフガニスタンでの取り組みに踏み出すことになります。

＊1……「らい」という言葉は差別的な意味を含んで使われた言葉であることから、現在は「ハンセン病」という言葉が使われています。引用元の本で中村哲さんはあえて「らい」という表記を使っているので、この表記にしています。

8　アフガン人医師との出会い

「私に見えるヒンドゥクシュの白峰の頂は、どんな言葉、どんな人が述べても同じ美しい頂である。」◆16

1986年3月、一人の医師がハンセン病棟にやってきました。

彼はダウード政権時代に軍人士官学校を出た後、カブール大学医学部を3年前に卒業、アフガニスタンの政府のもとで働いていましたが、政変に絡む困難な事件に巻き込まれ、アフガン北部のパンジシェールに軍医として派遣されたのを機に、妻にだけ亡命の意思を伝え、妻子と病気の母をカブールに残したまま、いずれはヨーロッパに渡ることも視野にペシャワールにやってきたのでした。

彼はパシュトゥ語ができないため、ペルシャ語とたどたどしい英語とフランス語で話すため、詳しい意思の疎通は難しかったけれど、ただならぬ彼の暗い体験の滲み出た風貌に信頼を置いたと、哲さん。

「野牛の如くがっしりして、精悍な風貌の、鋭い目の奥に、鋼鉄のようなものを感じた」[17]と。

正確な年齢は33歳というのですが、どうしても30代後半に見えました。

哲さんの下で仕事をするうちに、ヨーロッパ亡命計画を棄て、ペシャワールにとどまって自分の医療技術を捧げることを誓うに至り、85年の夏以来半年の間音信不通であったカブールと連絡を取り、87年1月に妻子を、5月に母をペシャワールに迎え、こののち哲さんの片腕となって活躍することになります。

医師の彼はこれまでもたくさんのＮＧＯ（民間援助団体）から誘われたことがありましたが、その多くが外からの資金で稼ごうという難民ビジネスであり、そうした資金で肥え太った抵抗勢力の暗躍も見てきたからこそ、哲さんの仕事に強い信頼を置いたのでしょう。

ある時こんな対話があったそうです。

「先生は日本にいればそう苦労はないものを、何を好んでこんなところで働いているのですか?」

哲さんはこう答えました。

「偶然と呼ぶならそれでもよい。君をペシャワールに留めている、そのものと多分同じだろう。確かに我々はこの困難の前には虫けらだ。巨象を相手に這いずり回る蟻にすぎない。しかし、どんなに世界が荒れすさんでも、人の忘れてならぬものがある。そのささやかな灯りになることだ。これは我々のジハード（聖戦）なのだ。」

そしてこう添えました。

「私に見えるヒンドゥクシュの白峰の頂は、どんな言葉、どんな人が述べても同じ美しい頂である。共にそれを仰ぐことが出来れば、他に理屈はいらぬ。」

共にヒンドゥクシュの白峰を見よう――。

この言葉は、深くアクバルの心に響いたのです。

それは美しいはずの、故郷への果てしない願いであり、どこまでも終わることのないアフガニスタンの復活への決意でした。

9　難民キャンプで生きる人々

「マラリアで死にかけてる人に対して、あなたはハンセン病でないから見ませんというわけにはいかない。」[18]

始まりは、「包帯巻きをしている安宿」と哲さんが自嘲したような乏しかった医療体制も、哲さんの改革で、さまざまな治療、手術もできる環境が整えられていきます。

でもここに押し寄せる患者の状況は、難民キャンプの悲惨さや、医療体制の全くない山岳地帯の問題とつながっており、その難民キャンプの向こうには、闘争と破壊に苦しむアフガニスタンの大地が広がっていることを、思わない日はありませんでした。

ペシャワール・ミッション病院での治療から、パキスタン北部などの難民キャンプでの巡回治療へ、そしてアフガニスタンの山岳部への診療所開設へと乗り出すことになります。

１９８６年、ＡＬＳ（アフガン・レプロシー・サービス）を設立、難民キャンプでの医療活動を始めたのでした。

◉水不足のために、汚染された水を飲む子どもたち

そこで見たものは、想像を絶する劣悪な生活環境、食べ物の不足、汚染された水を飲んで下痢を起こし死んでいく子どもたち、腸チフス、マラリア、結核、アメーバ赤痢などあらゆる感染症の広がり……。

「マラリアで死にかけてる人に対して、あなたはハンセン病でないから見ませんというわけにはいかない。」

思わず言った哲さんの言葉でした。

1987年1月、その難民キャンプのひとつ、ペシャワールから120キロの部族自治区パジョウルの難民キャンプを訪ねます。英領時代にデュランド・ラインで真っ二つに切り裂かれたパシュトゥン部族に特別の越境権が認められた地域。そんな場所なので、ソ連侵攻後のムジャヘディン（聖戦）の闘いの最中、そこらじゅうを、アフガンゲリラが闊歩していました。

バザールでは、銃器類はもちろん、麻薬も堂々と売られており、行き交う男たちは大抵ライフルを携行していたといいます。

「江戸時代に、侍が刀を差して歩いているようなものですよ」と哲さん。

ソ連製の自動小銃カラシニコフが約15万円、弾丸30発で150円、地雷700円、他にも、手榴弾、バズーカ砲、対空砲火器…。ちょっとゾッとするような風景。

「でも難民として耕作も放牧もできなくなったゲリラたちが、お金に換えられる貴重な戦利品なんですよ」と哲さんのため息が聞こえます。

ソ連侵攻後、アメリカが反ソ勢力に大量の武器を与えた罪、そして戦争が終わったとしても放り出されたままの銃や埋められた地雷がどんな結果をもたらすのか？　この混乱を牽引しているものたちには、振り返る余裕も、先を見る想像力も不足している！

それがあまりにも悲しいです。

パジョウルの難民キャンプは、想像以上に膨大で、地平線の彼方まで広がっていました。

「まるで泥土の中から湧き出したアリ塚である。……こうまで密集すると、ペシャワールのスラムをそのまま田舎に移転した様に見える。……キャンプの中は恐ろしく水不足で、衛生状態は極めて悪かった。問題は医療以前である。水と食べ物を十分与えられれば病気の殆どは無くなるだろう。」◆19
この茫然とするような状況の中で、医師としてできること以上の行動力を持って、道を開こうとする哲さんの覚悟が見えます。

10 アフガニスタンに診療所を

「アフガン人の・アフガン人による・アフガン人のための仕事」[20]

これからの事業が、限りなくアフガン人自身の仕事であるように、スタッフを育てながら、進めていく準備を始めた１９８８年。

「アフガン難民の青年たちの中から20名の人材を集め、『診療員』の訓練を開始、２年後に最初の予定地であったナンガラハル州、ダラエヌール渓谷への調査が開始された。」[21]

この年はジュネーブ和平協定でソ連軍のアフガン撤退が決められた年。ペシャワールは沸き立ち、世界のジャーナリストが押し寄せ、大量の難民帰還の劇的場面を期待したのでしたが、そうはならなかったのです。

１９８９年、ソ連軍の撤退が完了した後も、国内の支配権を巡って、各部族の勢力争いが巻き起こります。

でも「アフガン人の・アフガン人による・アフガン人のための仕事」を鉄則に、アフガニス

◉診療員養成コースのJAMSのメンバー

タンに診療所をという大事業は、この内戦の中で進められていきます。

1989年1月に、ALS（アフガン・レプロシー・サービス）をJAMS（日本・アフガン医療サービス）に改名、診療体制をハンセン病のみならず一般の疾患にも拡大。予定活動地区をアフガニスタン北東山岳地帯とし、将来アフガニスタン無医地区診療モデルを創設することを決めたのです。

1990年12月には北部国境地帯に支部を設置。1991年にはアフガニスタン国内に診療所をと決めていました。

そんな中、ソ連が崩壊して東西冷戦が終わり、やっと平和が来ると期待されたその1991年1月、クウェートに侵攻したイラクへのアメリカによる無差別爆撃という形で、湾岸戦争が始まってしまいます。

ソ連とアメリカという対立軸を、西洋社会とイスラム世界の対立構造に置き換えた形になった湾岸戦争。日本もイラク攻撃の有志連合の仲間入りと称して、130億ドルを拠出しました。

このことは哲さんにとって、激震であったと思います。

どんな山奥でも、日露戦争と広島と長崎のことを知らない人はない。あの大国ロシアを打ち負かした国、あのアメリカから原爆という酷い仕打ちを受けた国として、日本に大きな敬意と親しみを感じていた人々。どんな物騒な山の中でも、日本人なら安心して歩ける、それが何よりのパスポートだったのですから。

こんなことが続くと、日本のイメージが大きく変わってしまうのでは？ と不安になります。

ヨーロッパ諸国からの難民救済の医療機関も続々閉鎖される中、それでもＪＡＭＳの活動は続けられました。国連関係や国家関連も含め一切の力に頼ることを断ち切った孤軍奮闘が続きます。

11　葬儀のための帰郷

「離れがたい故郷の廃墟に、尚も希望をつないでいた。」[22]

1991年2月下旬、ペシャワールで亡くなったJAMSのスタッフの亡骸を、故郷に運び葬儀を行うため、アフガニスタンのクナールの奥地に向かっていました。

湾岸戦争でこの先がどうなるのか、と動揺するチームの新たな結束への意志を、この旅に賭けていたと言ってもいいでしょう。故郷に帰って葬儀をするという大切な大事業を果たし、同時に診療所を設立する足掛かりをつけるためでした。

亡くなった人の親族数十名と遺体を乗せた数台のジープは、早朝ペシャワールを出発、道々の難民キャンプで親族を集めて北部のナワ峠から国境を越えて行きます。

「2月のナワ峠は標高2500メートルの悪路で、降雪をかき分け、ゆるゆると車が進む。頂上からがアフガニスタン領内になり、検問所を境に左側通行から右側通行になるので、不注意な運転手はしばしば事故をおこして転落する。」[23]

崖の途中、木にぶら下がっているトラックはその残骸。

ソ連のアフガン侵攻で巻き起こった内戦を逃れて故郷を離れ、難民として生き抜いた10年。ソ連の撤退の後も戦いは終わらないけれど、それでも今、時計は未来に向かって動き始めた！

荷台に数十名を満載したジープは峠を越えアフガニスタンに入っていきます。

「峠の頂からの眺めは圧巻で、クナール渓谷の一部と遙かに純白に眩いヒンドゥクシュの大山脈が突然に眼前に広がる。」

荷台に乗った人たちの歓声と興奮が聞こえてきます。

「遥かな万年雪はおそらく何世代も彼らの脳裏にやきついた思い出の舞台であったのだろう。」

久しぶりの故郷の風景に人々は思い思いの声をあげます。

ですが、クナール渓谷に入り、盆地に入るとそこは、

「息を呑む光景であった。『難民帰還』どころではない。田畑は荒れ果てて砂漠のようであり、破壊された村落の残骸は、まるで廃墟と化した遺跡である。ただ遺跡と異なるのは、時折人間の死体がころがっていることであった。」

ＪＡＭＳのスタッフの多くはかつてのゲリラだったから、その破壊の一部に、関わってもいたかもしれないのですが、「自分たちは村を守ろうとしただけだ。だが今の党派は米英からしこたま金をもらってビジネスしている、彼らはムジャヘディン（聖戦士）なんかじゃない」と怒りの声が上がります！

葬儀の予定場所から２・５キロのところにはアフガン政府軍の基地があり、戦闘は続いてい

◉祈るムジャヘディン

ましたが、夜、山陰に遮蔽《しゃへい》された村落で野営をし、満月に近い月の光に、影絵のように美しい「ふるさと」に包まれて眠ったのでした。

翌朝、葬儀は予定通り行われ、遺体は手作りの柩に納められ、土に帰っていきます。

質素な葬儀にカラシニコフ銃で武装した数百名の住民が参列し、ムッラー（イスラム僧）がコーランの句を唱え祈りを捧げました。

「彼は今、神の御元に帰る。この十数年、難民として幸せではなかったろう。彼は死んで初めて永遠の平和を得た。我々もそうである。我々はジハード（聖戦）を継続するだろう。……だが注意せよ。イスラムの同胞をイスラムの名で圧迫するのは、イスラム教徒ではない。」

最後の言葉には、住民の深いうなずきと、どよめきがありました。ペシャワールからの、遠い道のりをかけて葬儀を行ったわけは、そう、ここにあったのです！

住民不在のまま進むアフガニスタンの未来を、住民に取り戻す。そのために地元民の健在を示すことだ、と哲さんは考えていました。

「久しぶりに戻った住民たちは、この離れがたい故郷の廃墟に、尚も希望をつないでいた。」

そして「我々はまた戻ってくることを誓って、車にエンジンをかけた」のです。

再び故郷を離れる人たち。荒れ果てた集落を見守るのは、山々の凜とした美しさでした。

12 クナール河畔の山岳地帯

「数十年の積りで現地に根を生やせ。」◆24

1991年11月26日朝、ペシャワールは3か月ぶりの雨。ミタイ峠にさしかかる頃から冷たい雨はみぞれとなり、さらに雪に変わりました。この日、哲さんは標高2500メートルのミタイ峠からアフガニスタンのクナールに、徒歩で向かっていました。ゲリラ組織同士の戦闘で車両が通行止めになっていたからです。同行するJAMSの4人のスタッフもみな雪だるまの群れとなって降りしきる雪の中を進んでいました。

麓から3時間でこの峠の頂、そこに標識があります。

「デュランだ!」と一人が叫ぶ。そう、そこがアフガニスタンとパキスタンの国境、「デュランド・ライン」。ここからがアフガンです。

1日歩き通してクナール河畔に到着したのは夕刻。日没寸前に渡河することになりました。

「クナール河は、東部ヒンドゥクシュ山脈渓谷の氷雪から溶け出る水を集め、カブール河に合

◉JAMSのスタッフと山越えをする中村医師

流する。幅は広い所で1キロメートル以上もある大きな河である。」◆[25]

クナール河の諸渓谷は合わせると四国以上の面積があるそうで、途方もない大河ですが、両岸の迫る場所がいくつかあり、そこに水牛の中身をくり抜いた皮袋を浮きにして板を並べただけの筏《いかだ》の渡しがあります。

「手足をくくられた牛の原型を留める浮袋が、ひょうきんに波間をせわしく揺れる。下流を見ると、広大な谷間に燃えるような夕日が沈みかけ、川面は一面に黄金色にさざめき輝く。」

旅の疲れを忘れさせるその美しい情景を、哲さんはどんな感慨で受け止めたでしょうか。どんなに人の世が荒れ果てようと、そこにある河と山は変わらない。永遠という時間が生きている。その素晴らしさを全身で受け止めたことでしょう。

対岸のヌールガルの宿場で、川下のジャララバードから来たゲリラの1部隊と同宿。この日から1週間あまりの、ダラエ・ヌール渓谷の集落を視察する旅です。

「1週間の平和な山歩き」と哲さんは書いていますが、目に飛び込んでくるのは破壊された水路、荒野となった耕地、村落の残骸。かつては肥沃な盆地だった川沿いの集落に、ソ連時代、「農村を破壊して都市で管理する戦略」のもと、徹底的な掃討《そうとう》作戦が実施されたのです。その後ソ連が撤退した後には、ジャララバードなど政府軍要衛の防衛のために大量の地雷がこの地域に埋められ、埋設された地雷は最低350万発以上とも一千万発とも。

さらに、アバタのように砲弾の痕で荒れた道路をジープで2時間、シェイワに着き、ここからはまた徒歩で進みます。

ダラエ・ヌール渓谷の下流に攻撃が集中したものと思われ、さらに上流の山岳地帯のヌーリスタン部族は戦火を概ね免れており、厳しいながらも自給自足の暮らしが残されていました。ほとんどは半農半牧で、狭い耕地に小麦を作り、険しい山の斜面に集落をなしています。

シェイワから徒歩で3時間ほど奥に入ると、渓谷が二つに分かれます。このYの字点にあるのがカラヒシャイ村。20~30軒ほどの店が並んでいます。山の民はほとんどが自給自足なので、必需品はマッチと岩塩、灯油、石鹸、鉄砲の弾など……。他には衣服、ラジオ、時計などが売られています。

そのカラヒシャイ村から歩くこと1日でウェーガル村。「急勾配の山の斜面に張り付いた」「まるで荒波の岩石に生えるサンゴ塊」と哲さんは書いています。

アフガニスタンでは、こうした高地に追いやられた少数民族を、コーヒスタニー（山の民）

と名付け、今はほぼイスラム教徒ですが、歴史的にはカフィリスタン（異教徒の国）だった部族もあるということです。

同行したアフガン人スタッフも、こんな山奥にほとんど来ることはないと驚き、「外国人としちゃ、多分ドクター・サーブが最初で最後だ。でも本当に困っている所たあ、こんなところでさあ」と哲さんに言ったそうです。

これまで、中村哲さんの活動の中で、アフガンに診療所を○○カ所設置と、何となく聞いていましたが、設置された場所が、こんなふうに厳しい地域に及んでいたことを知りませんでした。

大変な人たちだから、というのが哲さんの気持ちであったかもしれませんが、本当はここの暮らしが哲さんは好きだったのではないかと思います。

文明の歴史を、行けるところまで行きついたこの時代に、人として生きる姿の原点がここにあると。

どこまでも自分の足で歩き、その目で確かめ、深く交流した哲さんに敬服すると同時に、こうした場所に永遠に失われることのない希望を感じた哲さんの感動が伝わってきます。

「この白い峰々の下で人々は生まれ、生活し、そして死んでゆく。幾千年も変わらぬこの単調なたたずまいは、変化に疲れた我々の心をすがすがしくする。」

13 難民帰還が始まった

「誰も行かないから、我々が行くのだ。」[26]

そして12月中旬には、ダラエ・ヌール渓谷出身の職員が中心となって、カラヒシャイ村に診療所開設の準備を開始。

1992年2月13日、約1週間で発電設備、便所、最低限の排水・給水設備を完了、シャワリ医師が、本隊12名を率いて検査室を開き、本格的な診療体制が整ったのです。

ですが、その後、哲さんが応援に訪れた時、「あれほど故国に憧れていたスタッフたちは数名の現地出身者を除いて、不満にあふれていた」というのです。現地では、パシュトゥ語や、ペルシャ語が通じず、数世紀遅れた暮らしの中にいるコーヒスタニー（山の民）は閉鎖的で、外から来るものに拒否的だったのでしょうか。

すっかり憔悴して見える指揮官のシャワリ医師が、こう切り出します。

「もっと良い場所はたくさんあります。スタッフたちが渓谷住民のパシャイー部族を恐れています。」

ほとんどの外国NGOも、至る所で規模縮小ないし停止をしている、と。

哲さんは、こう反論します。

「誰もが押し寄せる所なら我々が行く必要はない。誰も行かないから、我々が行くのだ。」

これからも部族・民族を超えた活動を展開していくチームに自信を持たせるためにも、現地住民にも不退転の意志を示すことが大切だと、哲さんは力説しました。

そして3月までにアフガン人チームの主力を投入して民家を改造、初の国内診療所がダラエ・ヌールに実現したのです。

1992年4月にカブールの政府軍が崩壊すると、各政治勢力がカブールに集中、戦場が都市部に移行したことで、「難民たちの故郷への帰還が始まり、自給自足の農村生活が戻ってきた」と哲さんは言います。

「1年間のうちに200万人の人が、パキスタンからアフガニスタンに戻った」と。その難民を待ち受けるように、ヌーリスタンの山岳部に診療所を建てていったのです。

6月のカイバル峠は帰還難民のラッシュとなり、その様子を哲さんはこう書いています。

「これは夢の続きなのか。嘘のようだ。まるでパキスタン中のトラックが動員されたようだ。濛々たる土煙を上げながら、後から後から人と車のなみが続く。たいていの家族はトラックに家財道具と女子供を満載し、あるいは徒歩で羊の群れを連れ、あるいはラクダの背にのり、延々と列は絶えない。あの、びくとも動かなかった300万のアフガニスタン難民たちが、今ひた

◉故郷へ続々と帰還するアフガニスタン難民

すら故郷を目指している。難民帰還というより、誰も止めることが出来ない巨大な民族移動である。」[27]

秋までに収穫できる米の田植え時期に到着が間に合えば、冬越しが可能になる。

「人々は先ず破壊されたモスクを改築し、にわか作りの小屋に住んで、家・水路の補修と耕作に余念がなかった。……つい数年前まで険しい目つきで戦場を駆け巡った戦士たちは、悪夢から覚めたように平和な農村生活に復帰しようとしていた。」

哲さんの言葉から浮かび上がる、故郷へ帰る人々の生き生きした姿、破壊された故郷のひとつひとつを果敢に復興させていく姿が圧巻です。

14 内戦下のカブールへ

「せめて私たちは、虚構の上塗りをせず、敢えて動かぬ石であり続けましょう。」◆28

1992年11月20日、ペシャワールから20名のスタッフと共に、哲さんはアフガン人に扮して、危機的状況にあるカブールに入りました。

「夜来の初雪でカブールは純白に覆われた。だが市内の実情を知る者には、この白さが死装束に見えた。」◆29

アフガン政権が崩壊したことから、あらゆる政治勢力がカブールに集中したことで、北東部の辺境地は難民の劇的な帰還が進み、緑あふれる平和をとりもどしたのですが、その反対にカブールの危機は抜き差しならない状況にあり、その実態をつかむためでした。

大きな対立構造は、南のパシュトゥンと北の非パシュトゥンのタジーク、つまりパシュトゥ語を話す者とダリー語（ペルシャ語）を話す者との南北分断で、その影響はＪＡＭＳの内部にも波及しており、何かと衝突することが多くなっていたのです。

◉カブール市内。子どもたちが水を運ぶ

すでにこの年の夏、8月11日の大規模な市街戦で数十万人が焼け出され、カブールから避難する事態となっており、この雪の日、カブールの都市機能は完全に麻痺していました。

日が落ちると街は暗闇に包まれ、時折砲声が聞こえ市民を脅かしていました。医薬品をはじめ、電気、水、薪、ガソリン、全てが欠乏状態、200万人の市民の越冬は不可能に見えました。

哲さんは部族・民族を超える普遍性を得るために、非パシュトゥンの北部にも診療所開設の可能性を探りたいと願っていたのですが、市内は事実上いくつもの党派の分断占拠になっており、不安定な暫定政権との交渉もおぼつかない状態。

結局、カブールに長居はできないと判断。カブールの北東山岳地帯を見聞しながらダラエ・ヌールへもどりました。

93年1月、カブールの政情はさらに混迷を深め、大規模な市街戦で市内にロケット弾の雨が降り、市街の半分が灰燼《かいじん》に帰す結果となり、市民たちはカブールからアフガニスタン全域に避難していきました。JAMSのペシャワール診療所では、逃げてきたカブール市民の受診が増え、多忙を極めていきます。

そんな中、93年4月中旬、久々にダラエ・ヌールからダラエ・ピーチに向かった時、一歩谷に入ると子どもたちの遊ぶ楽しいどよめき、羊の群れを追う叫び、間延びしてのどかな牛の声、人里の心地よい喧騒に包まれて、哲さんは胸の内に叫びます。

「この笑顔を絶やすな。この希望を吹き消すな。」◆30

「美しいヒンドゥクシュの山々と同様に、私たちはこの『変わりなさ』を誇りたいと思います。『近代』という虚構が音立てて崩れ始めようとするとき、私たちは感慨を以て『我々のアフガニスタン』を想い起こすでしょう。」

「せめて私たちは、虚構の上塗りをせず、敢えて動かぬ石であり続けましょう。」

15　一体何が起きているんだ？

「病気は後でも治せる。まず生きておりなさい。」◆31

3年の間にカブール市民、2万人が犠牲になったといわれ、婦女暴行、略奪が日常になった無政府状態が、やっと収束の兆しを見せたのが1996年、タリバーンがアフガニスタンの90パーセントを掌握し政権を取った時だった、といいます。

タリバーン政権のもと、治安が驚くほど回復し、「ああやっとこれで平和な農村生活ができるようになった」と、みんなが落ち着きかけたというのです。

哲さんのこの言葉、まるで宝物のように思えます。こんなふうに希望の持てる時が、一瞬でもあったのかと……。

残念ながら、このままアフガン情勢は収束に向かうことにはなりませんでした。90パーセントを掌握したタリバーンはアフガニスタン・イスラム首長国を樹立、しかし反タリバーン勢力を束ねた北部同盟（タジーク）がアフガニスタン・イスラム国を建て、対立したのです。国連での代表権は、なぜかこのイスラム国が保持していました。

パシュトゥンと非パシュトゥン、パシュトゥ語とペルシャ語の対立、根深い対立感情を、国際社会が利用する！　ここにアフガニスタンの悲惨さがありました。

「イスラムの同胞をイスラムの名において圧迫するのは、イスラム教徒ではない。」

クナール山地で行った葬儀の時のムッラー（イスラム僧）のこの言葉が、思い出されます。

パシュトゥン人の農村地域を背負うタリバーンに対し、西欧的な近代主義を希求する都市派の力に依拠する北部同盟には外からの大量の武器支援が加わり、再び混乱は苛烈なものになっていきます。

しかしこの政情混乱の中でも、中村哲医師の闘いは、果敢に進められていました。

これまで「山岳無医地区診療」を軽視しがちだったJAMSを解体し、1998年にペシャワール基地病院（PMS）を設立。ベッド数70、地下1階地上2階、建坪1000坪の病院で、パキスタンの社会福祉病院として登録され、アフガニスタン、パキスタン両側にまたがって安定した医療活動ができるように立て直しをはかったのでした。

ですが、2000年6月18日、久しぶりにダラエ・ヌール、ダラエ・ピーチ、ヌーリスタン・ワマのPMS診療所を回った時、そこには驚くべき現実が待っていました。

「ダラエ・ヌール診療所で群れを成して待機する患者たちを見て、何事かと驚いた。患者の大半が赤痢などの腸管感染症である。犠牲者の大半が子供で、……外来で待つ間、死んで冷えてゆく乳児たちを抱えた若い母親が途方にくれていた。」◆32

◉ダラエ・ヌール診療所で診療を待つ村人

「一体何が起きているんだ？」

周りを見てみると、この季節にはジープが立ち往生するほどにあふれるはずの河川が水無川になって続いており、行けども行けども干からびた地面が続いていたのです。

診療所の井戸さえ枯れる寸前だったことにスタッフが気づかなかったことに、哲さんは大きな衝撃を受けていました。この赤痢の原因が飲料水の欠乏であることははっきりしています。

実地検分の結果、「診療所周辺の清潔な飲料水の確保」が急務と判断、7月10日、「30の水源を確保して離村を阻止せよ」の指示を出しました。「病気は後でも治せる。まず生きておりなさい。」それがその時の哲さんの言葉でした。

16　2000年夏からの闘い

「アフガニスタンでは金はなくても生きられるが、雪がなくては生きてゆけない。」[33]

「干ばつによって、単に水が無くなって田んぼが耕せないというだけでなくて、飲み水が無い。そのために何キロも歩いて水を運ぶ。水不足のため食器は汚染され、そのために子供は特に下痢にかかりやすい。ということで、数えきれないくらいの子供が犠牲になった」「診療所の周りから次々と村が消えていく。家畜が死ぬ。子供が死ぬ。生きる術を失って、やむを得ず人々は村を去っていったのです。」[34]

早速に取り組んだのは、古い井戸を直すことと、新しい井戸を掘ることとでした。まず清潔な飲み水を確保して、住民の離村を防ぎ、農業に必要な水を確保するために枯れてしまった灌漑《かんがい》用水カレーズ（伝統的な地下水路）の復活に取り組みました。

彼の頼みの綱は、地元の職員たちです。農民でありゲリラでもあった彼らの底力に、圧倒的な信頼を置いていました。

井戸を掘るために活用されたのが、なんと地雷の火薬でした。

アフガンの農地に何百万発もの地雷が残ったということは日本でも大きな問題になりましたが、住民たちは、羊を歩かせたり、ヤギを歩かせたりして爆破して、あらかた住民自身で撤去していた、といいます。地雷のありかもだいたい住民が知っていたので、硬い岩盤にドリルで穴を開け、地雷の火薬を詰めて爆破する大きな爆進力になったというわけです。

３年間に９６０本の井戸を掘り、９割の井戸で水が出て、推定30万人の村人が村を捨てずに済んだそうです。

樹木も枯れるほど干上がった大地も、カレーズの復活で農地に戻していくことができたといいます。

「医者 井戸を掘る」。この言葉は哲さんの代名詞になりました。

「病気は後でも治せる。まず生きておりなさい」というギリギリの判断であらゆる手段をいとわなかった哲さんです。

しかし、第二の出来事がパキスタン側でも起こり、事態の深刻さを思い知らされることになりました。８月１日、ＰＭＳのスタッフがパキスタン側にあるヤルクン河上流のラシュト診療所に行ってみると、上流で河が堰き止められ、診療所のすぐ近くまで浸水したと知らせがありました。なんと、氷河が崩落したのです。

「崩れ落ちてきた氷河は、ラシュト村から約4キロメートル下のインキープ村を襲った。大量の土石流と氷雪がヤルクン河の急流をふさぎ、突然ダムをなして上流の村々を浸水させた。」◆[35]

◉井戸の中に降りていく中村医師

　この天から降ってきたような災害も、アフガニスタン側の大干ばつと無関係ではなかったのです。それはヒンドゥクシュ山脈全体に起こっている異変でした。年々雪線が上昇、雪の量が激減していたのです。水源の全てを、夏に溶け出す氷雪に依存している乾燥地帯。

「アフガニスタンでは金はなくても生きられるが、雪がなくては生きていけない」ということわざは、生存に関わる重大な真実だったのです。

　正確な情報が得られないまま、8月20日、ジャララバードに「PMS水計画事務所」という緊急事態本部を置き、本格的な活動が開始されます。

　10月になって国連機関のWFP（世界食糧計画）による「旱魃《かんばつ》地図」が届きます。ニングラハル州ソルフロッド郡周辺とダラエ・ヌールは赤く塗りつぶされていました。

　6月段階で、WHO（世界保健機関）からもアフガニスタンから中央アジア全域での未曽有の大干ばつへの警告が発信されていたこともわかりました。

すでにアフガニスタンでは遊牧民が全滅し、１２００万人が被災、４００万人が飢餓線上にあり、１００万人が餓死線上にあると。

本当ならこの危機に対して世界が支援の手を差し伸べるべき状況でしたが、世界からの反応は過酷なものでした。

17　孤立無援のカブールへ

「やってきたのは国際援助ではなく、国連制裁」◆36

この時期アフガニスタンは、政治的にどんな状況に置かれていたでしょうか？

1996年にやっと統一をとげようとしたタリバーン政権と、それに反対する北部同盟の対立が深刻化する中で、アルカイダのウサマ・ビンラディンが、タリバーンに接近してきます。

湾岸戦争の時、イラク攻撃の拠点とされたサウジアラビアで活動していたアルカイダのウサマ・ビンラディン。彼はイラク占領後のアメリカへの反発を強め、ペルシャ湾や、スーダンでの反米テロを決行。スーダン政府から追放されたウサマ・ビンラディンをかくまう形になったのがタリバーンだったのです。

ケニアとタンザニアのアメリカ大使館を襲撃したアルカイダのアメリカへの引き渡しをタリバーンが拒んだことに対し、国連は1999年、2000年と2回にわたって、タリバーン支配地域への経済制裁を採択。2001年1月には、さらなる食糧制裁を決定しようとしたので

◉カブールに開設した診療所

す。

哲さんは大きな怒りを爆発させます。実にその国連決議に反対したのは中国とマレーシアだけでした。もちろん日本は国連の決定に賛成。

世界中から届かなければならない未曽有の大干ばつへの国際支援の代わりに、やってきたのは国連制裁だったのです！

そんな中で、２００１年3月6日、タリバーンがバーミヤンの石仏を爆破。国連制裁への報復でした。ですが、「タリバーンは過激なテロリストである」と烙印を押されるに十分な出来事です。「こんな大事な時に！」と誰にもまして深刻に事態を受け止めたのは中村哲さんでした。

しかし、哲さんはこの緊張の真っ只中、戦下のカブールに診療所を、と動き出したのです。

3月14日、カブール派遣チーム24名が薬品を満載したトラックに分乗して、ペシャワールを出発します。農村からの干ばつ避難民で膨れ上がっていたカブールに、5カ所の診療所を同時に開こうという、これまでで最大規模のフィールドワークでした。

ダラエ・ヌールの山奥に診療所を作った時も、なぜこんなところに、と反対したスタッフに言った言葉。

「誰も行かないから、我々が行くのだ。」

この言葉は、この時も哲さんの心に響いていたと思います。

世界中から孤立するアフガニスタン、地獄のような困難な状況の中に見捨てられるカブールの人々、国際機関のほとんど全てが撤退する手の施しようのない無政府状態。どこから見ても、カブールでの医療活動が可能であるとは思えない、そんな中での診療所設置でした。

祈りにも似たギリギリの日々、その中で起こってしまったのが、9・11アメリカ同時多発テロだったのです。

18 9・11 ニューヨーク貿易センタービルへのテロ

「自衛隊派遣は有害無益」◆37

「カブール市内5カ所の臨時診療所では、焼け石に水」と年内に10カ所に増やし、完成した660カ所の水源を1000カ所に急増させることを決めたのが9月10日。9・11アメリカ同時多発テロ事件（＊1）が起こる前日のことでした。

アメリカのブッシュ大統領は、テロ後、直ちにアフガニスタンへの報復をほのめかす声明を出します。

しかし哲さんは「空爆があっても、山間部の作業地に影響はないだろう。計画に変更なし」と通達、作業の続行を指示しました。けれど、在アフガン日本大使館からは、邦人保護の立場から、日本人の国外退去命令が出ます。

やむなく哲さんも帰国することになり、現地スタッフを前にこう語ります。

「この1年、君たちの協力で、20数万名の人々が村を捨てずに助かり、命をつなぎえたことを

感謝します。」◆38

「必ず帰って来ます。ＰＭＳが諸君を見捨てることはないでしょう。……プロジェクトに絶対に変更はありません。」

これは決して最後の別れではない、と思いながらも、アフガンの家族の元へ戻るもの、ペシャワールに避難する日本人スタッフ、それぞれみな万感の思いでの別れでした。

哲さんは、日本への帰国直前の９月下旬、食糧配給計画を発動。

「残ったカネをはたいて食糧を買い、空爆前にカブールで配給せよ。医療関係、水関係を問わず、ＰＭＳ総力を上げて実行されたし。」

日本に帰国した哲さんの胸には、アフガニスタンの風景が焼き付いていました。

「茶褐色の動かぬ大地、労苦を共に水を得て喜び合った村人、井戸掘りを手伝ったタリバーンの兵士たちの人懐っこい顔……漠漠たる水なし地獄にもかかわらず、アフガニスタンがわたしに動かぬ『人間』を見せてくれたことである。」

アフガン報復攻撃がアメリカ下院で採択された時、アメリカのブッシュ大統領は、こう述べたのです。

「今や世界は２つの立場しかない。我々とともにテロリズムと戦うか、テロリストに加担するか、である。これは我が十字軍の戦いである。」

日本政府は「テロ対策特別措置法」を成立させて、自衛隊派遣を準備し、さらにイージス艦をインド洋に派遣して後方支援を実施。

◉国会の参考人として、自衛隊派遣は有害無益であることを訴える中村医師

帰国した中村哲さんは、「テロ対策特別措置法案」に反対する民主党の参考人として、国会で話をすることになりました。

2001年10月13日。哲さんの発言です。

「自衛隊は（自衛のための武装隊ではなく）侵略軍と取られるでしょう。……現地の英字紙にはジャパニーズ・アーミーだと書いてある。憲法の枠内だの何だのというのは内輪の論議」「罪のない者を巻き添えにして政治目的を達するのがテロリズムと言うなら、報復爆撃も同じレベルの蛮行である」「よって、自衛隊派遣は有害無益、飢餓状態の解消こそが最大の問題であります。」

「自衛隊派遣は有害無益」発言には、政府側から撤回を求める強い声も上がり、議場は騒然となりました。法案は成立しましたが、結果、哲さんの発言には大きな反響があり、ペシャワール会に集まった食糧支援への募金は、6億円にも上ったそうです。

私も中村哲さんの発言に全面的に賛同した1人。

アフガニスタンを含む中央アジアが、深刻な干ばつに瀕していることも日本ではあまり知られておらず、その衝撃も大きかったのです。

本当のことを何も知らずに、世界の歪んだ窓から見える虚構に振り回される！ その恐ろしさに身がすくむ想いでした。

＊1……2001年9月11日、ニューヨークの世界貿易センタービルに、ハイジャックされた旅客機が衝突。4回にわたってテロ攻撃が行われ、3000人が犠牲になりました。ブッシュ政権は国際テロ組織アルカイダの犯行と断定。指導者ウサマ・ビンラディン容疑者らをアフガニスタンの当時のタリバーン政権がかくまっているとして、同年10月、アフガン攻撃に踏み切りました。

19 空爆下の食糧配給

「爆弾よりパンを。」[39]

10月18日、現地に戻った哲さんは、緊急食糧支援に取り組みます。ペシャワールで小麦粉や食用油の買い付けと輸送が課題となり、日本のスタッフが取り組んでいました。

すでに10月8日にはジャララバードが空爆されており、カブールの本格的な空爆攻撃も迫っていました。

このような中での運搬には大きな不安がありましたが、20人もの志願者がおり、ＰＭＳの副院長ジア医師がリーダーと決まります。第一陣50トン積みのダンプカー12台が、カイバル峠からカブールに向かいました。

この第一陣の成功を見据え、第二弾、第三弾と送り込み、空爆の被害も考慮して、配給部隊を市中の3カ所に分宿させるという作戦。始めは無秩序に集まる群衆をタリバーンの兵士たちが整列させるなどして協力、順調に進めることができたのですが、11月13日夜、タリバーン政

◉日本のペシャワール会への寄付が、たくさんの命を救った

府筋から、カブールからの速やかな退避を求められます。

カブールからタリバーンの兵士や政府関係者の姿が消え、混乱が始まりました。いよいよ米英軍の進駐です。

北部同盟がカブールを奪還、タリバーン政権が崩壊、パキスタンとタリバーンの断交により、国境が空爆にさらされる、そんな混乱の中で、国連は新政権樹立に向かっての国際会議を開いていました。その席に着いたのは北部同盟、国王支持派などタリバーンを除く勢力です。

12月22日、ハーミド・カルザイを暫定行政機構の議長に据えて、暫定政権発足の式典が行われます。政権の29のポストのうち19のポストをつかんだのが北部同盟でした。

アフガニスタン復興の名の下に、世界中からお金が拠出されます。日本は2年で5億ドル、アメリカは1年で2億6000万ドル、欧州連合は1

年で5億ドル……。

復興支援ラッシュで急激な物価高騰が起こり、PMSは大きな経済的な打撃を被ります。国連組織や国際NGOによって高い給料での医師の引き抜きも行われて多くの職員も失いました。

国際NGOが次々とカブールに集中する中で、PMSは2002年2月に食糧配給を完全停止、4月には5つのカブールの診療所を閉鎖しました。

たくさんの人々がカブールからジャララバードへと移動するその難民の列に、上空の米軍ヘリコプターが機銃掃射するという事態は続いていました。ウサマ・ビンラディンがパキスタンとの国境あたりに潜んでいるとの情報で、攻撃は熾烈を極めていたのです。

新政権樹立、女性の解放、民主政権への移行が、派手に宣伝される一方で、カブールは再び救いのないカオスに突入してしまったのです。タリバーン政権崩壊後の自由と解放の意味を哲さんはこう言っています。

「麻薬をつくる自由。逼迫した女性が売春をする自由。貧乏人がますます貧乏になる自由。子供たちが餓死する自由……」◆40

アフガニスタンは、農民が8割、遊牧民が人口の1割を占める豊かな農業国で、決して貧しい国ではなかったのです。問題は砂漠化の進行で耕地が極端に減ってしまったことにある――。

あくまでもこの原点に立つことを、哲さんは再確認します。

20 白衣を捨てて現場に立つ

「百の診療所よりも一本の用水路を。」

「農村の回復なくして、アフガニスタンの再生なし」の確信を持った哲さんは、早速、行動を開始します。

2002年3月、「緑の大地計画」を発表。乾燥に強い作付けの研究や、井戸やカレーズなどによる飲料水の確保など、これまでの活動の継続の上に、涸《か》れ川になった地域の井堰《いせき》や溜池の建設、そして大河川からの取水のための用水路建設を打ち出したのです。

井戸やカレーズの建設は着々と進んだものの、地下水の涸渇《こかつ》が始まり、限界に突き当たっていたからです。問題は気温の上昇でした。山に雪が降っても、春から夏の雪解けが一気に進み洪水が発生し、あっという間に雪が消えてしまうのです。

しかし、もともとはいくつものインダス河支流、西からのカブール河、北からのクナール河からの取水で、広大な大地が穀倉地帯だったこの地域、絶対に方法はあるはずだ、と確信に近

◉用水路建設のため、自ら重機を操作する中村医師

いものがありましたが、そのヴィジョンがより具体的に見えてきたのは、井戸掘りを共にやり遂げてきたディダール技師の言葉でした。

2003年2月、クナール州の診療所を訪れた時、ダラエ・ヌールから北東部に広がる砂漠化した荒涼たる台地をジア医師も一緒に眺めていた時、ディダール技師がこんなことを話したのです。

「ダウード政権時代、用水路建設のマスタープランがあったんです。その時は、この目の前の岩盤迂回が困難だったのと、ダウードが暗殺されたことで、実現できなかった。でも、今なら井戸掘りで巨礫を破砕してきた技術を使って岩盤に溝を通せばいい」と。彼の自信たっぷりな言葉に弾みがつきました。

2001年、日本に帰国した時に「いのちの基金」として集まった6億円を投じて、この事業に賭けることを決めた中村哲さん。3月19日、地方政府の要人、シェイワ郡長老会メンバー、PMS

代表が集まり、着工式がとり行われます。

「ジャリババから13キロの用水路を2、3年で完成、砂漠化したシェイワ郡2千町歩を回復。用水路は、アーベ・マルワリード（真珠川）と名付け、毎秒6トンの水を旱魃地に注ぐ」◆[41]

もう後には引けない！　哲さんは白衣を脱ぎ捨て、工事の現場に立って指揮をとる覚悟を決めたのです。

奇遇にもこの日は、米軍のイラク攻撃の前日でした。

後年、この攻撃の根拠となったイラクの大量破壊兵器保有などなかった、とされたあのイラク攻撃。フランスはこの攻撃に不参加を表明、しかし日本は自衛隊派遣に踏み切ります。哲さんはその度に、平和国家日本の看板が剥がれ落ちていくことに危機感をつのらせていました。以前は、日本人とわかっただけで、誰もが手のひらを返したように笑顔になった。でも今は、アメリカの国旗と一緒に日本の国旗が燃やされている！

彼は不退転の意思をきちんと示し、実行していくほかはありません。

哲さんは日本から専門の技術者の指導を仰ぎ、ワーカーとしてもたくさんの日本の若者に参加してもらうことになり、「水路が来る」と聞きつけた近在の農民も集まってきました。

「農業土木は、大部分が農民であるアフガニスタンで医療よりも更に身近であるから、『それなりのものがある』と確信していた。現に、カネはなくとも、２０００万人が自給自足で生活してきたのである。」

哲さんのアフガン農民への信頼は大きかったのです。

21　土と石と樹のマルワリード用水路

「山田堰と蛇籠と柳の植樹」

哲さんが、この用水路の取水をクナール河にこだわったのには理由がありました。

「カブール河本流は4000メートル級、クナール河は6000から7000メートル級の高山から流下する。従って、クナール河の方が流量も多く、万年雪の分だけ安定していると言える。◆[42]」

そして、こんな急峻な高低差のある地形が、規模は違うけれど、実は日本の地形と似ているという発見もありました。

「日本列島は山が海岸から近く、山間部の河川は急流が多い。また、夏になると、集中豪雨、台風などで急激に増水する。」

明治時代に日本にきたオランダ人技師は「これは川ではない。滝だ！」と言ったそうです。

アフガニスタンの山間部の村には「ジューイ」と呼ばれる水路があり、遠くの泉や上流の河

◉アフガン人と一緒に蛇籠を設置する中村医師

◉クナール河の取水口と、山田堰を参考にした斜め堰

◉蛇籠に柳を植えて護岸した用水路

から山を這うように延々数キロにわたり引かれている。それじゃ、どうして河の近くに住まないのかというと、河は季節ごとに氾濫の恐れがあったからなんです。これも日本と似ている！

その意味でも、哲さんは故郷の福岡県と熊本県の県境あたりの川を、真剣に見て歩きました。いったい昔の人々はどうやって自然の河川から水を取り込み、どうやって水路を作り、多くの開墾地を開いたのか。

目安にしたのは「昔から残っているもの」と「今ある手持ちの技術で作れるもの」でした。その中で大きな収穫は「山田堰」と「蛇籠《じゃかご》」と「柳の植樹（柳技工）」でした。「山田堰」というのは福岡県朝倉市にある筑後川の斜めに堰を築いた取水口。マルワリードの取水地と地形が似ていることから、大いに参考になったといいます。

でも実は、哲さんはお家でコーヒーカップを流し台で洗おうとしていた時に、水道からの流水を洗い桶にためてあふれた水を観察したことからその効果を実感したそうです。洗い桶を一気に傾ければ大量に水が流れるけれど、斜めに傾ければ流水面が広がり、水量が緩やかになる。つまり斜め堰によって取水する川幅を広げる効果がある、という発見！

この山田堰は江戸時代、古賀《こが》百工《ひゃっこう》という庄屋によって１６００年代後半に開削された後、１７００年代、何度も改修を重ねた苦渋の結果の技術です。

哲さんがこの斜め堰を採用する決定に至ったのは、実際に河に取水堰を築いた際に、もうすぐ向こう岸に届く、と思ったところが急流となった河の水に全て押し流される、という大失敗があったからでした。

山田堰方式ならば河を完全には堰きらず、先端に激突する流水圧を下げられる、と。この斜め堰はアフガンにも見られることもわかったのです。

そして用水路の護岸は蛇籠工が主流でした。外国のNGOが手がけたコンクリート護岸工事がことごとく崩壊した中で、ダラエ・ピーチの診療所の近くの橋脚が、何度か破壊された最後の改修で蛇籠が使われて、美しい上にびくともしていなかったことを参考にしたそうです。

現地では蛇籠のことを「ガビヤン」と呼び、アフガンでも使われていた技術でした。アフガニスタンには大小の石が無制限に得られること、コンクリートよりコストが安く、現地農民でも作ることができ、壊れた時にも修繕が簡単、など利点がいっぱいです。

哲さんはこの蛇籠工と柳枝工の組み合わせを提案、素晴らしい効果をあげました。

現地に多いコリヤナギは繁殖力が旺盛で、1年に2メートルも成長し、蛇籠の背面から水路底に細い根を張り、石の間にも侵入して生きた網になり、石をしっかり支えました。

農民たちはもともと泥と石と日干しレンガで家を作ります。子どもの頃から手伝っているので、みな石工の芸術家といってもいいほど巧み。蛇籠生産工房にはたくさんの人が集い、手作りの工事は地元の農民たちに支えられたのです。

22　伊藤和也さんの死

「天の時、地の利、人の和」◆[43]

２００７年４月、第一期工事の目標が達成されました。13キロの用水路が開通、１２００町歩の田園の復活、砂漠化の形跡を探す方が難しいほど、一面の緑が埋めつくしたのです。

「人家が無人の荒野に立ち並び始め、20年以上消えていた村々と緑の田畑が忽然と姿を現した。」◆[44]

すぐに哲さんが取り掛かったのは、モスクの復活とマドラッサの建設でした。

マドラッサは、モスクに隣接した神学校（寺子屋）で、宗教教育だけではなく、英語や数学など一般教科も教える教育の中心。貧しい家庭の子どもや孤児たちも学ぶ機会が与えられます。

これは農民の暮らしにとって不可欠のもの、今も脈々と息づく生きた伝統であると、哲さんは考えたのです。

その建設の地鎮祭が行われた時、「これで解放される、これで俺たちは自由になった！」と人々が叫んだのです。
「天の時、地の利、人の和」。
哲さんはこの言葉を噛み締めます。地域の自然との出会い、地域の文化の尊重、人々の和と協力への感謝が、この言葉に込められています。

こうして、用水路は次の段階に入っていきます。約10キロメートル延長すれば、さらに2000町歩を回復し、その上無人だったガンベリ砂漠に広大な開墾地を得る可能性があるというのです。

ガンベリ砂漠は、昔から旅人を葬り去ると恐れられていた砂漠。PMSの診療員の一人が、ラグマン州の郷里へ向かった時、途中で倒れかけた老人を背負ってここを歩いて渡ろうとして亡くなったという、つらい出来事のあったところです。

けれど第一期工事完成の2カ月後、ガンベリ砂漠入り口の岩盤壁に到達した観測隊から、地面から十数メートルの高さで約2キロメートルを通せば広大な砂漠が潤せると報告がありました。

こうして第一期工事地点から7キロメートル、取水口から19キロメートル地点から砂漠に入るルートが決定され、岩盤周り約2キロ、砂漠横断水路約2・8キロを開通すれば、1000町歩の開墾地が得られると見積もられたのです。

現地の住民にも一段と希望が広がり気合い十分！　コンディションも揃っていました。

◉マドラッサ開校日に子どもたちから花束を受け取る中村医師

けれど、アフガニスタン、パキスタンをめぐる政情は非常に厳しいものになっていました。2006年からNATOの国際治安支援部隊（ISAF）が全国に活動を展開しており、タリバーンとの衝突や誤爆が増え、常に警戒していなければなりません。

2007年5月、日本の外務省はジャララバード、ヘラート、マザリシャフ、バーミヤンへの渡航延期を勧告。そしてパキスタン当局から、PMS病院のパキスタン北西辺境州、社会福祉法人の認可を違法とする通達がきます。やむなく哲さんは、2008年3月、日本人ワーカー全員の日本への帰還を決め、ペシャワールPMS病院の閉鎖もやむを得ないと考えていました。

4月には休暇で帰国していたメンバーに、このままアフガンにはもどらぬように伝え、残っていたワーカーに遅くとも12月までには日本に帰国するように伝えたのです。

そんな中、2008年8月26日、日本人ワーカー伊藤和也さんが、何者かに拉致され殺害される事件が起きてしまいます。

伊藤さんはダラエ・ヌール渓谷のブディアライ村の農業試験場に向かうところでした。現地にも溶け込み、村人に好感を持たれていた素晴らしい若者でした。

日本のマスコミ報道の混乱も含め、事態は急変、日本人ワーカー全員が9月に帰国。そして1998年の設立から10年、ペシャワールPMS病院をパキスタン事務長に譲渡、PMS本部をジャララバードへ移したのです。

23 想定外の大洪水

「水路は後で治せる。人命が先だ！」◆45

2008年夏の悲しみから1年後の2009年8月3日、マルワリード用水路開通式は大きな喜びに包まれました。

15万人の命綱の用水路は、農民たちの総力を上げた祈りの結果です。50度を超える熱砂の中、4・5キロの砂漠の現場には12台の重機、30台のダンプカー、そして黙々と働く680人の人々。その祈りの結集を「石積みの1個が百の論議に勝る」と哲さんは表現しています。「エンジニアなしで、百姓である自分たちが作った」その大きな誇りを築き上げたのでした。

しかしこの完成は、ひとつの始まりでしかありませんでした。

大きな転機は2010年夏の集中豪雨です。

2010年は例年並みの積雪があり安心していたのですが、この夏の雨は異常でした。7月28日に降り始めた雨は3日も止むことなく降り続き、PMSが手がけたシェイワ、カマ、ベスード

◉決壊寸前まで増水したカマ第二取水口

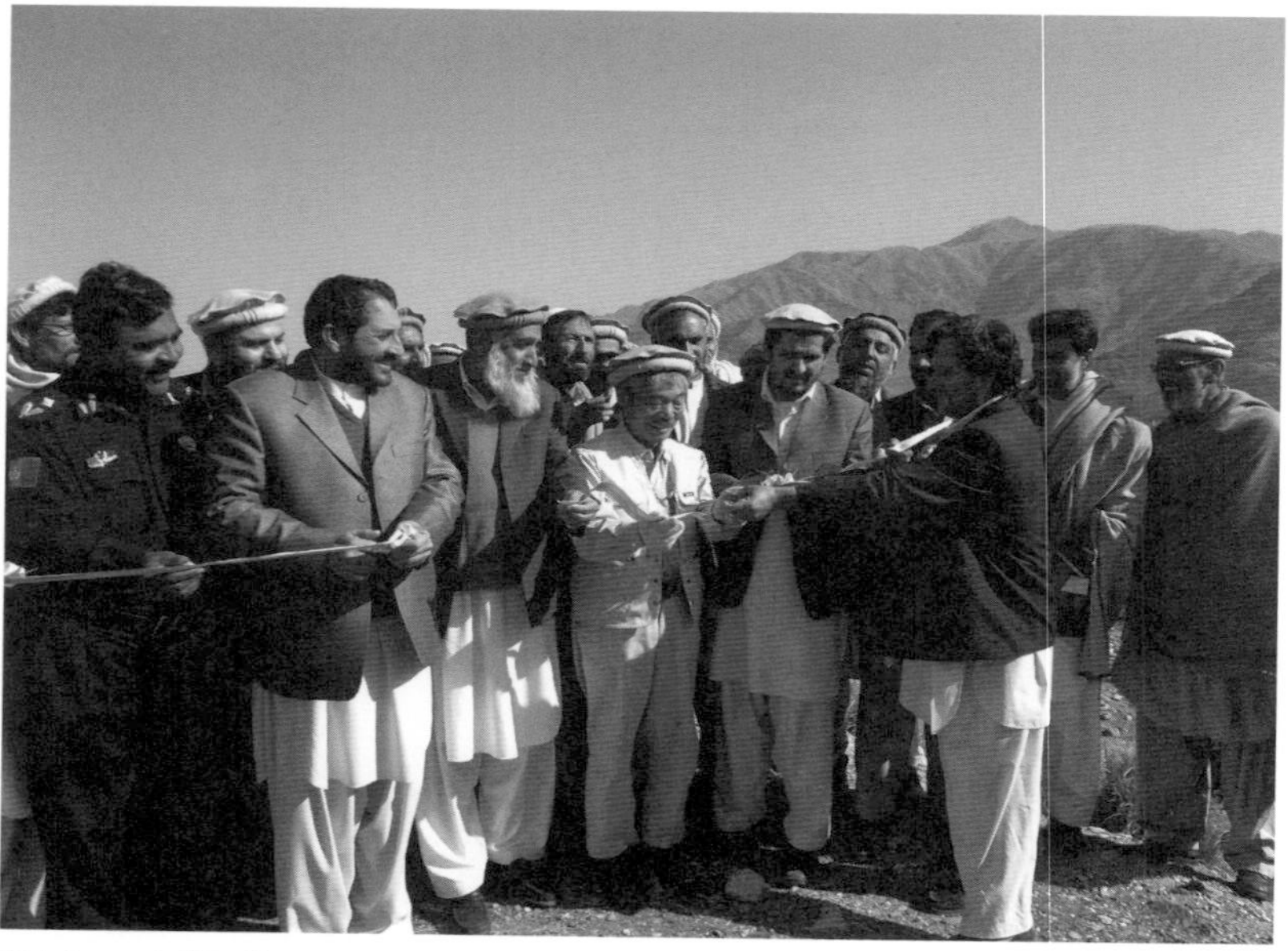

◉カシコート着工式

の各地取水口の水位が予想を超え、８月２日マルワリード用水路の取水口でも平年より１・２メートル高い濁流が押し寄せ、対岸の広大な中州を流し去ってしまったのです。かろうじてこの用水路は守られたものの、30万の農民の生活を預かる対岸のカマ取水口では洪水が堤防を越えて水路内に入り、広大な地域が泥の海と化したのです。

その時、以前、コンクリートと巨礫で作られた排水路が崩れず、オーバーフローした水が集落へ流れ込むのを見て、哲さんが叫びました。「水路を切れ！　排水だ！」「水路は後で治せる。人命が先だ！」

咄嗟に哲さんは掘削機に乗り込み、この水路を切り崩したのです。応援の重機が届くのを待ち切れなくての危険な行動でしたが、この一瞬の決断で村落の被害は軽微にすんだのです。

このことから得た教訓は、「いかに強く作るかよりも、いかに自然と折り合うか」ということであり、「自然の理《ことわり》を知るとは、人間の技術の過信を去ることから始まる」◆46でした。

この洪水によって、カマの取水堰も大改修、２０１１年１月15日には、より完成度の高い取水システムに到達したのです。

そして洪水の被害の大きかったマルワリードの対岸に当たるカシコート集落の長老から、ＰＭＳへ協力の依頼が来たのです。ここは、これまでＰＭＳと対立してきた地域でしたが、その非礼を詫びる形での要請でした。

２０１２年２月、カシコート緑化計画の着工式が行われ、そこには州代表の副知事も現れ、各村長、宗教指導者ら40名が出席したのです。

カシコートとの和解ができたことで、マルワリード取水口を大改修し、12月6日、両岸をつなぐ「連続堰」が完成、安定灌漑を保証することになり、PMSの「緑の大地計画」は、大きな到達点に立ったのです。

けれど、難関は去ったわけではなく、常に自然との折り合いをつけていくしかないと、哲さんは言い続けました。

「砂嵐には20万本の防砂林を延々5キロにわたって植えて成長を待ち、取水堰は毎年改修を重ね、賽の河原のような努力を続けた。◆[47]」

「主役は人ではなく大自然である。人はそのおこぼれに与《あず》かって慎ましい生を得ているに過ぎない。◆[48]」

24　哲さんの笑顔

「約60万人が沃野に住めるようになりました。」

2016年、日本に帰国した中村哲さんと『毎日新聞』（9月5日付）で対談しました。

「これまでに約1万5千ヘクタールが田畑としてよみがえり、推定で約60万人が沃野《よくや》に住めるようになりました。」

その時の哲さんの笑顔が素晴らしかった！

2002年の「緑の大地計画」は、まだ進行中であるということでしたが、大きな達成感が、哲さんの表情から伝わってきました。

「死の谷」と呼ばれたガンベリ砂漠に、沃野の広がる風景を哲さんはこう書いています。

「緑の防風林を境に情景は一変する。幅300メートルほどの樹林帯が延々5キロ、砂漠と人里をくっきりと分けている。高さ十数メートルに成長した紅柳の薄暗い森を抜けると、1本の水路が流れている。両岸のヤナギ並木が目を和ませ、小鳥のさえずりが聞こえる。水路沿いに

◉よみがえった大地で遊ぶ子どもたち

数万本の果樹の園、スイカ、野菜、米や小麦を豊富に産する田園地帯があり、今も、開拓は営々と進む。」◆49

けれど、「全体の現状を思うと、事業の成功を手放しで喜べない」とも。

この数年の気候変動は、日本でも豪雨災害や、海の漁獲量変動など極端な数字で現れるようになってきましたが、アフガニスタンの干ばつと飢餓の被害は続いている、というのです。

世界食糧計画（ＷＦＰ）は、国民の3分の1が飢餓状態にある、と警告しています。そして、今も勢力を伸ばしているイスラム国（ＩＳ）の活動地は、その飢餓地帯と完全に一致している、と哲さんは分析しています。

「多くの人が飢餓に喘ぎ、傭兵にもなるという背景があるからです。自分から争いを求めるものなどおりませんよ」と。

この対談の中で、２０１１年の東日本大震災後の日本については、こんな言葉をいただきました。

「豊かさの考え方を変えないといけません。無限に経済成長が続くことはありえないのに、多くの人が夢から覚めない。小さなコップの中で議論していて、干ばつや震災、自然の巨大な動きも、科学と経済力で何とかなると信じている。」

そして「国家に頼る時代は、もう終わったと思います」と。

国という概念そのものがはっきりしないアフガニスタンで、地域住民が自立した意識を持って地域を再生させている現状に比べると、日本は、全てが国任せになっていて住民不在であることに、強い危機感を持たなければいけない、と思いました。

現代の世界が直面する全ての問題が凝縮されたアフガニスタンで、数十年におよぶ命をかけた中村哲さんの奮闘は、これからもっともっと大きくなるはずの地球変動や経済格差に向き合っていかなければならない私たちへの大切な指針となるでしょう。

逆にアフガニスタンでは、国家不在のまま実行されたPMSの「緑の大地計画」を、為政者たちが評価する動きが高まり、2018年2月、政府農業省、農村開発者がPMS方式を国の標準のひとつに加えることを決めたといいます。

一人の決断から始まったことが、結局、国を動かす力ともなることを、これからの人々に知らしめることになりました。

この大事業が、初めから哲さんの求めていたように「アフガニスタン人の・アフガニスタン人による・アフガニスタンのための仕事」として継続されることに道がついたのです！

25　医師、中村哲さんの死

「天の理の赴くところ　我ここにあり。」

哲さんの活動がようやくアフガン全体の大きな指針となり、哲さんが全アフガン人にとっての偉大な指導者と見直されたその時になぜ？

２０１９年12月４日、中村哲さんは突然天に召されました。何者かに銃撃されたのです。病院に運ばれ、息をひき取られるまで数時間あったと聞いています。哲さんは、その間に、何を思われたでしょうか？

これまで無数の人の命を見守り、

「まず生きておりなさい。」

と言い続けた哲さん。

私は訃報を聞いた時、なぜかこの言葉が浮かびました。

「天の理の赴くところ、我ここにあり。」

これまでも、最も激しい危機の中に身を晒《さら》し、全身でその局面を受け止めてきた哲さん。許せない銃撃をも大きな心で受け止めたのではないかと思ったのです。

哲さんを銃撃したものたちは、長い捜索の結果、「パキスタン・タリバーン運動」を名乗る武装集団だったと伝えられています。殺すつもりはなく、誘拐して身代金を稼ごうとした、と。これはあくまでもアフガニスタン政府筋の見解であり、真偽のほどは確かめられませんが、これが今、私たちの得ている答えです。本当に切なく、悲しいです。

以前、哲さんがこうおっしゃったことがありました。

「過激なテロリストといってもほとんどが農民です。彼らの願いは家族と共に、3度の食事がとれること。それだけなんです。私たちの仕事の大切さをみんな知っています。だから、僕は安心しているんです。」

その農民たちは生きるための仕事として武器を持つ。それが、イスラム国（IS）なのか、タリバーンなのか、政府軍なのか、その時の成り行きで決まるだけだ、と。

アフガニスタン人が憎しみを持つとすれば、それは外からの力に対してである、とも。

アメリカ、イギリス、ロシア……。そして日本も、いまや例外ではないということです。

その意味では、哲さんを殺したのは私たちかもしれません。

生命を危機に追い込む力と、生きようとする命の澄んだ輝きは、いつもせめぎあってきました。

「理屈を並べることは出来ても命を守れなくては、なんの意味もない。まず、目の前の命を守りましょう。」

それが哲さんの揺るぎない立ち位置でした。

世界中の森や氷河や田畑の崩壊、水資源の枯渇、果てることのない内戦や国境紛争での故郷の喪失……。

恐ろしいのはそのスピードです。

哲さんのこれまでの活動の中で、際立つのは、重大な局面での決断の速さでした。

それは自然からのメッセージを受け止める哲さんの直観力だった、と思います。

著書『ペシャワールにて』の中のこんな言葉が浮かんできます。

「我々の歩みは牛のようにのろい。牛どころか、……『まるで氷河の流れの如く』である。」[50]

それは目まぐるしいスピードで結果を求める今の時代に対して、自然と向き合うものとしての尺度を示した言葉だったと思います。

皮肉にも、自然の変化のスピードに人間が追いついていけない今、人間の目まぐるしさに追われていなかったからこそ、哲さんは自然の変化を真っ直ぐに捉えることができ、牛のようにゆったり見つめていたから、瞬間の見極めがついたのだと思います。

哲さんが信じたように、命するものが自然に持っているはずの健やかなたくましさと、力強さを失わず、ゆっくりと真っ直ぐに、速やかに、守るべきものは目の前にある命であること、どんな力にも左右されず、自分自身であることを忘れずに、これからを生きたいと思います。

哲さんの魂の声を聞きながら……。

第二部

哲さんへの手紙

哲さんとは何度かお会いすることができ、哲さんの活動のお手伝いも少しできたかな、と思うこともありますが、もう会えない、と思った時、お話しできなかったことばかりが、頭を駆け巡ります。

哲さんが、たくさんの本を書き残してくださったので、今も声を聞くことができるような気がして、とってもありがたく感じていますが、教えてほしいことは、これからのことです。日本や地球が本当に大変な危機を迎えるのは、きっとこれからだと思うのです。

歴史は前に進んでいるのでしょうか？

それともどこかから、道に迷ったのでしょうか？

人間が偉そうな存在になればなるほど、悪い結果になるようで……。

大自然の圧倒的な偉大さの中では、遠い過去の人々の方がずっと真っ当な生き方をしていたような気がします。

答えのない問いを、ただつぶやくだけかもしれませんが、哲さんに届かない手紙を書くことにします。

1　哲さんともう会えない

2019年冬

2019年11月17日、福岡で『ほろ酔いコンサート』がありました。いつものように、ペシャワール会の人たちがロビーで募金の準備をしていて、「登紀子さん、今日ひょっとしたら中村がコンサートに来るかもしれません」と声をかけてくれたのです。

「うわーっ！　うれしい。日本に帰ってらっしゃるのね。」

「大事な会議があって、早く終わったら来たいな、と言ってます。」

そんなやりとりをしたのでした。

残念ながら会議は長引き、哲さんは来られず、私は東京に急ぎ戻ってしまった！

それから17日後、哲さんの訃報に接することになるとは、夢にも思わず……。

2001年の9・11アメリカ同時多発テロの後、アフガンへの空爆に抗議の声を上げた哲さ

◉福岡県で行われた『ほろ酔いコンサート』（2019年11月17日）

んの発言、アフガンの干ばつ危機への救済の呼びかけに応えて、その年の年末、初めて「ほろ酔い募金」に取り組み、それから毎年ペシャワール会への募金を続けてきたのでした。

冬はアフガンが乾期なので用水路の工事の時期にあたり、現地に滞在されていることがほとんどで、コンサートに来られることは一度もありませんでした。

たった一度、クリスマスイブに『ほろ酔いコンサート』があった時、「哲さんに電話しようか」ということになり、ペシャワール会の人の衛星電話で、アフガンの哲さんに電話をかけたことがありました。

軽い気持ちで「メリー・クリスマス！」と挨拶したら、しばらく沈黙があって、「お登紀さん、ぼくね、クリスチャンなんだよ」と一言。

その泣いてるような声に返す言葉がなくて、「じゃあ、一緒に歌おう」と受話器を握ったまま

「サーイレントナイト、ホーリーナイト」と歌ったのでした。

その2009年は前年に伊藤和也さんが亡くなり、「命を危険に晒すのは私ひとり」と決め、日本人スタッフを全員帰国させた後だけに、受話器の向こうのたったひとりの哲さんの気配に、胸が締め付けられるようでした。

一切の思想信条にこだわらず、イスラムの人の中にいて、たったひとりキリスト教信者として迎えるクリスマス、って……。

今も、あの電話の中の声が聞こえてきます。

その前にお会いした時、日本から参加したスタッフのことを、「日本ではたいしたことのないように見える若者でも、あちらでは50人分くらいの働きをします。もっともっといろんな若者と一緒に働きたいです」とうれしそうに話されていただけに、哲さんの無念さが伝わってきます。

激しい感情を、表に出されることのない哲さん。あの照れ臭そうな笑顔に、たまらないほどの寂しさを溜めていた姿が浮かんできます。

何度もお会いできたわけではないけれど、いつお会いしてもとっても近くに感じる、懐かしい人でした。

もう会えないんだ、と思うと、どうしてもっとお話ししなかったのかと、悔しいです。

今頃になって、1984年からの哲さんを追いかけ、私のこれまでの経験や思いを重ねています。

2　初めて会った2002年
息子さんへの慟哭の愛

初めてお会いしたのは2002年の正月、「ほろ酔い募金」をお渡しした時でした。お話しした短い時間の中に、思いがけないほどの厳しい哲さんの言葉がありました。

「私は終わりの始まりだ、と思っています。残念ながら今のやり方では未来はない。」[1]

そして、哲さんのアフガンの人たちへの熱い信頼が心に残りました。

「何事もなかったように、彼らはこの大変さの中で淡々と暮らしを守っていますよ。アフガニスタンの底力は農村にある、これが大事なんです。」

今思えば、やっとアフガンに診療所ができ、なのに恐ろしい干ばつの危機の中、世界からの国際制裁を受けるアフガンの地獄と向き合っていた哲さんの、想像を超えた厳しさを、その時十分理解できていたとは言えませんし、その年、実は哲さんが息子さんの病気という大きな試練の中にあったことも知りませんでした。

◉はじめての出逢い（2002年１月）

２００２年、爆撃下のカブールへ決死の食糧供給を決行する時、哲さんが咄嗟に発した言葉。

「もし、わが子が溺れかけていて、他に誰も助けようとしなかったら、あなたはどうされますか。父親は命がけで水に飛び込まないだろうか。」●[2]

その言葉を発していた時、10歳の息子さんが悪性の脳腫瘍で死期が近かったなんて！

２００１年の6月に脳腫瘍と診断され、２回の手術に耐え、「あと1年以内」と死を宣告されていた息子さん。「左手の麻痺以外は精神的にも正常で、少しでも遊びに連れていきたかった」と書いていらしたのを読んで初めて知ったのでした。

「代りに命をくれてやっても」とさえ思う哲さん。「死ぬまでの元気な時期をできるだけ一緒にいてやりたかった」が、その時間を作ることができなかった！

息子さんの容態が悪くなった12月4日、やっと哲さんは帰国。

体はもう麻痺で動かせなくても、哲さんに明るく目を輝かせて「お帰りなさい！」と言った息子さん。

それからの日々、病院から自宅に息子さんを戻し、脳神経の専門医として最期を看取るまで、全ての約束を断って側につきそったのですね。

「寝たきりでも頭はしっかりしていて、相変わらず冗談を飛ばしてみなを楽しくさせた」息子さん。

子ども心にも死期を知っていたのか、「どうせ人間は一度は死ぬのさ」と言って、周りを驚かせたそうです。

亡くなる2週間前、麻痺による激痛を止める薬が間に合い、安らかに過ごし、12月27日の深夜に亡くなったのです。享年10歳でした。

「翌朝、庭を眺めると、冬枯れの木立の中に一本、小春日の陽光を浴び、輝くような青葉の肉桂の木が屹立している。死んだ子と同じ樹齢で、生れた頃、野鳥が運んで自生したものらしい。常々『お前と同じ歳だ』と言ってきたのを思い出して、初めて涙があふれてきた。」

遠いアフガンの地で、子どもを抱きしめる母たちによりそい、身を挺して働いた哲さんの一瞬一瞬の中に、息子さんへの慟哭の愛があったことを、胸底に留めておきたいと思います。

偶然ですが、12月27日は私の誕生日。この日が来るたびに私はきっと思い出すことになります。哲さんと息子さんを。

3　夫との最後の日々

藤本敏夫の遺言

偶然という符合が、今、私の中で共鳴して止みません。

哲さんと初めてお会いした正月は、私にとっても特別でした。前年に肝臓がんを切った夫が、もう余命1年もないことを覚悟しており、家族そろっての最後の正月を、鴨川自然王国の座敷で迎えたのです。

「来年はもうここにおらんやろなあ」と穏やかに言って、何事もないかのように、家族みんなで少し厳かな気持ちで正月を過ごしたのでした。

空はこれ以上ないほど晴れ上がっていて、思わず美しい空を仰ぎ、ふとその空の上から、アフガンの砂漠の小さな家を標的にする爆撃のカウントダウンが聞こえるような気がしたのです。大きな空から小さな標的を狙えることを自慢する戦闘機にも、小さな窓から大きな空を見上げている子どもたちの目の輝きは見えてない。そんな技術のどこに未来があるというのか？

ふと沸き起こる思いの中で、その日作った曲が『Now is the time』でした。

「今　この瞬間　同じ時を生きている
宇宙の闇に浮かぶ　ただひとつの星で
それぞれの小さな窓から　同じ空を見てる」

これからを生きようとするものと、生を終えようとするものが、同じ空の下で、今を共にしている。

全ての瞬間が、かけがえのないものに思われた2002年。

5月の連休には、盛大な田植えイベントがあり、藤本の陣頭指揮でみんな働き、酒盛りをし、また稲刈りで会いましょうと別れ、娘たちを駅に送りにいった帰りに、なぜか藤本が鉢植えの花を盛大に買い込んだのです。

二人だけになった家の庭に、私は黙々とその鉢の花を植えました。真っ赤なサルビアとキンポウゲ。

その5月6日が30回目の結婚記念日だと、口には出さないまま、しみじみ思った私でした。

1972年、中野刑務所で特別面会が許され、結婚を決めた私たちの結婚記念日。

刑務所で2年半、じっくりと思考する時間を得て到達した農業問題に、その後の人生をかけた藤本敏夫。その紆余曲折は決してスムーズではなかったけれど、ここに鴨川自然王国と名付

◉藤本氏と。鴨川自然王国にて（2000年正月）

けた農場を残してくれました。

その田植えイベントで取材に来ていたテレビのインタビューに、彼はこう答えていました。

「こうしてじっとしていても、不安で不安でしょうがない。いつ何時、食べるものがない、電気が来ない、というような危機が起こっても不思議はない。命の一切を誰かに握られている。ここにこうしてお米を少し、大豆を少し、野菜も少し作っているということは、全部と言わないまでも、ほんの一部、命が守れる。そのことを娘たちに知っておいてもらいたいんですよ。」

それは娘たちへのメッセージであり、私への遺言だったと思います。

藤本が鴨川に移り住んだ時、東京に残ることにした私と、すったもんだの論争の果てに、二居住生活を通してきた私たち。

7月31日に逝った彼を蝉《せみ》時雨の中で送り、私はこの「ふるさと」を受け止めました。

それからは王国に足繁く通い、大掃除をし、床を磨き、藤本が孤軍奮闘した足跡を手で確かめながら、不意に涙があふれ、声を上げて泣きました。

もっと早く、ここに来ていればよかった、と。

でも、ギリギリのところで間に合ったと思いましょう!

リレーだって、そうでしょう? 早めにバトンを渡すことはできないのです。チャンスはその時だけなのですから。

4　1968年の佐世保闘争

学生運動から農業へ

藤本敏夫と中村哲さんには接点がありません。それがとっても残念です。私が哲さんにお会いできたことと、藤本の最期を受け止めることが私の中でずっと重なり合っているので、二人がつながっている、と思えてなりません。

でももしかしたら、と思うのが、1968年の佐世保闘争の時。アメリカの原子力空母エンタープライズが佐世保に入港することへの反対運動が起こった時、学生ばかりではなく、佐世保市民も立ち上がりました。

哲さんは、『天、共に在り』の中で、書かれてましたね。1968年、入学したばかりの九州大学教養部構内は、全国から集まった学生たちの基地になっていた、と。[3]

私が藤本に出逢ったのは1968年3月、佐世保闘争の年、東大の卒業式を学生がボイコットしたデモに私が参加した後だったのですが、彼が学生運動のリーダーシップを取るきっかけ

◉ソ連大使館へ、チェコ侵略反対のデモをする藤本氏（1968年８月24日）

は佐世保だったと、よく話していました。
　あの時、テレビの画面から送られてくるニュースで、あまりにも激しいデモ隊への放水、催涙ガスの発射を見て、慄然としたことを覚えています。学生運動のデモ参加者がヘルメットを被るようになったのも、佐世保からだったと聞いています。各派閥が自己アピールするために、ヘルメットの色を変えたと。
　哲さんは、佐世保闘争後に始まった学生たちの党派闘争に嫌気が差した、と書いておられます。藤本敏夫も、この党派闘争の不毛さに苦しんでいました。彼が、その後もデモの時に決してヘルメットを被らなかったのも、何か、そのことへの違和感があったからかもしれません。
　藤本が一貫して悩んでいたのは、その頃の学生運動が陥っていた戦術至上主義。未来へのヴィジョンがなく、建設的な戦略もなく、ただ警官とぶつかる、首相官邸を占拠する、大学構内にバリケードを作り、ロックアウトする、といったやり方しかなかったこと。挙げ句の果てに、党派闘争が内ゲバにまで発展して、崩壊していったことへの悔しさでした。

藤本が、突然、学生運動から離脱したのは1969年の7月でした。その後、九州の平戸に籠もり、自身の生き方を大転換しました。

「人間は、万物に謝らなければならない。」「地球の破壊を人間は中止しなければならない。空気の汚染、水の汚れ、緑の迫害、土の死、万物が友であり、万物が命を共にするものである。人間は空気や水や緑や土や、そして数多くの動物たちに謝ろう。私たちは地球社会の代表選手なのだから、地球社会全体の祝福を受けて、協力を受けて、この生命を燃焼させねばならない。」

1972年中野刑務所服役中に出版した著書『人間はこの時代に生きられるのか』(合同出版)の中でこのように書いています。

30歳で出所し、58歳で死去するまでの歳月、彼はこの想いのもとに、さまざまな試行錯誤と失敗を重ねて苦闘しました。

哲さんと藤本敏夫は同じ土俵に立つことはなかったかもしれないけれど、同じ出発点から農業へと舵を切った決断に、同じ思いを感じます。もちろんたくさんの人があの出発点から今も道を探し続けているはず。そのことを心に思わない日はありません。

5　ろばと砂漠と死者たちの国

1972年中東ひとり旅

哲さんが何かに書いていらしたことがありましたね。

「パキスタンというと西ですか、東ですか、と聞かれてびっくりすることがあります」って。その東パキスタンが独立してバングラデシュになったのは1971年の12月。哲さんがペシャワールに赴任する10年以上前ですから、その質問をした人は相当年配の方だったかもしれませんね（笑）。

実はまさにその独立直後の1月、私はアジア、中東、ヨーロッパへの約40日間のひとり旅に出たのでした。その時、私の乗ろうとしていた飛行機は、バングラデシュの独立戦争でずっと欠航だった成田、カルカッタ便が、再運航する第一番目の便だったのです。

「私の乗る便から運航することになったの。すごくラッキー！」と喜んでいたら、

「あなたは死体を見にいきたいの？　戦争が終わった後の街に行っちゃダメ！　戦争の後の恐

◉中東へのひとり旅（1972年１月）

ろしさを、私は見てきましたから、あなたを行かせるわけにはいかないわ」と母に止められたのです。これまで何をする時もブレーキなんかかけたことのない母の厳しい表情には有無を言わさぬものがありました。

満洲で戦後を生き抜いた母の、これまで見せなかった壮絶な体験を垣間見たような瞬間でした。

結局、そのカルカッタ便をあきらめて、インドのデリーを経由してイランのテヘラン空港へ行くチケットに変更して、私は予定通りの旅を敢行したのでした。

今思うと、女ひとりの旅としては大胆な旅程だったかもしれませんが、そこからの旅は本当に素晴らしかったです。

イラン、レバノン、シリア、エジプト、モロッコ……。

その頃の中東には、古代から生き続けているイスラム文化がゆったりと息づいていたように思います。古代から現代まで混在しつつも、長い歴史の偉大さが厳然として光を放っていたのです。

この旅の感動を綴った著書に『ろばと砂漠と死者たちの国』（文化出版局）とタイトルをつけました。Donkey、Desert、Death、３つのＤという意味で。そこに、砂漠という過酷な条件の中でも残された歴史の遺産を守り、堂々と生き抜いている人たちへの礼賛の思いを込めています。

シリアでダマスカスからパルミラ遺跡まで車で走った時、電気も水もない砂漠にはベドウィン族が住んでいました。砂嵐の中から忽然と現れる彼らの毅然とした美しさに圧倒され、ダマスカスのモスクも、ローマ時代のシルクロードの中心だったパルミラの遺跡も、永遠の時を感じさせてくれました。

日本人旅行者のまだ少なかった時代、女性のひとり旅に、人々は優しかったです。

この旅行のことを語ればキリがないほど、人が長い歴史と大地の営みの膨大な器の中に生きている、その美しさに魅せられ、命の力をいっぱいもらって帰国したのでした。

哲さんが、イスラムの民の数百年変わらぬ暮らしの姿に魅了されたことに、深く同感するのは、この旅のお陰です。

この旅のことを、お話しする機会がなかったのが残念です。

もっと残念なのは、アフガニスタンを旅程に入れなかったこと。あの時、行っていれば、ソ連侵攻前の王国時代のアフガニスタンが見られたのに……。

6　湾岸戦争直前のニューヨーク
カーネギーホール・コンサート

哲さんがアフガンでの活動に踏み切った頃、アフガンを蹂躙していたソ連が崩壊し、やっと難民が帰還できるかと光が見えかけたまさにその時、１９９１年1月17日、イラク攻撃で湾岸戦争が始まってしまった！　哲さんは怒りを込めてこのことを書いていました。

１９８９年にベルリンの壁が崩壊し、やっと世界の東西対立、ソ連とアメリカの冷戦が終わった、と喜んだのも束の間、１９９０年にイラクのクウェート侵攻があり、一気にアラブを標的にした好戦論が世界中に燃え上がったのでした。

実はその湾岸戦争直前の１９９０年11月、ニューヨークのカーネギーホールで私は2回目のコンサートを開催したのです。コンサート前の宣伝のためにニューヨークで記者のインタビューを受けていた時、一人の新聞記者に、こんな質問を投げかけられました。

「ヒロシマ、ナガサキに原爆を投下された被爆国、日本から来たあなたは、今のアメリカに言いたいことがあるのではありませんか？」

私は歌手として、コンサートについての話をするつもりでいたので、咄嗟に「今ここで被爆についてコメントするつもりは特にありません」と答えたのでした。

翌年の1月、湾岸戦争が始まった時、ガツーンと頭を殴られるように、気が付いたのです。

あのインタビューを受けた頃、「イラクを直ちに攻撃すべきだ」とアメリカの90パーセントの世論が一致していて、異常な盛り上がりだったのです。国会の中でも反対意見を述べた議員は、たったひとりだったと聞いたことがあります。

この新聞記者は、このアメリカの空気の中で、反対の意見を私に求めていたのではないか、と。答えられなかった私は、なんて馬鹿だったんだろう！

「戦争終結のためとはいえ、非戦闘員の市民の暮らす街を、一瞬にして破壊したヒロシマ、ナガサキへの原爆投下。今アメリカが行おうとしているイラク攻撃も、同じように街を破壊する無差別攻撃なのではないのか?!　それは決して許されることではない。」

私は、こう言うべきだった、と歯ぎしりするような気持ちになりました。

アフガンのことも、イラクのことも、パレスチナのことも、日本人はどこか遠くの国で起こっている出来事と感じてしまいがちです。

やっぱり私もその一人だったのです。

あの頃のニューヨークは景気が悪くて、まだバブルが続いていた日本の企業の方が俄然《がぜん》元気でした。

◉カーネギーホールにて（1990年11月20日）

次々と日本の企業が大きなビルを買い占める中で、ゴーストになっているビルも目立ちました。

私の泊まったホテルでは暖房が壊れていて、何度もお願いしたのに直りませんでしたし、日本人の知り合いの美容室では、ボイラーが壊れていて、冷水でシャンプーしたので、お陰でしっかり頭を冷やしてからカーネギーのコンサートに臨むことができた、という懐かしい思い出もあります。

その後も長くアメリカに滞在していた友人が、「アメリカは、あの湾岸戦争から一気に景気が良くなったんですよ」と言ったことを思い出します。

ソ連とアメリカの冷戦が終わったその翌年に、もう次の戦争が用意され、今度はイスラム教とキリスト教という対立軸が絶え間ない戦争の大義にされた。

全てアメリカの経済のために仕組まれたことなのか！

そう考えると、あまりにつらいです。

日本の経済もアメリカに同調することでできるだけ利益を得たいと、つき進んでいます。

このままでいいのでしょうか？　本当に！

7　ＰＫＯ（国連平和維持活動）の時代

夫とのカンボジアへの視察旅行

哲さんが『ダラエ・ヌールへの道』の中で、１９９１年にダラエ・ヌール渓谷の山岳地帯に主要スタッフ数人と視察の旅をした時、12月４日の夜にパシュトゥ語のＢＢＣ放送で、日本がＰＫＯ（国連平和維持活動）に参加することを決定した、というニュースが流れた時のことを書いていましたね。

その時のアフガンは、行けども行けども荒廃した戦争の傷跡が残され、ソ連が崩壊したとは言っても、まだ人々が戻れる状態ではなかった。おまけに湾岸戦争が始まり、平和がいつ来るのかわからない無惨な現実。

一人がこんなことを言い出した。

「俺たちはもう疲れました。パシュトゥンはパシュトゥンだ。仲間同士で殺し合うのはまっぴらだ。ドクター、誰がこうさせたんですか。悪い夢だ。ルース（ロシア）も、アングレース（米英）も嫌だ。お陰でアフガニスタンはめちゃくちゃだ。俺たちは皆平和に憧れてるんですよ、日本のように……。[4]」

　ＢＢＣ放送が流れたのは、彼がこう言ったちょうどその時だったんですね。

「日本の国会は国連軍に軍隊を参加させることを決定し、兵士に発砲できる許可を与えました。」

　それから時ならぬＰＫＯ論争が始まった。その時の哲さんの無念さと強い怒りが伝わってきます。

「馬鹿な！　こいつはアングレースの陰謀だ。日本の国是は平和だ。国民が納得するものか。」

　残念ながら、日本のＰＫＯ法案は、翌年１９９２年6月15日に国会を通ります。

　実はこの年の7月、この平和維持活動で日本のＰＫＯが入ったカンボジアのプノンペンに、私は夫の藤本敏夫と一緒に行っていたのです。夫が参議院選挙に出馬しており、その投票日を目前に、ＰＫＯは抽象的なものじゃない、厳しい現実なのだ、ということをメッセージしようということになったのです。


　酷暑の街中に「ＵＮ（United Nation）」のマークをつけたＰＫＯの車が走り、道端には小さな紙幣がゴミになって舞い散っている、それがプノンペンでした。

　１ドルを地元のお金に換金しようとした時、札束を渡されて本当にびっくり。極端なインフレが起こっていたのです。

　残虐なポル・ポト派から市民を守るための国連平和維持軍、それが国連の大義であり、世界の世論でした。

着いた最初の日、私たちは、ポル・ポト政権が市民を拷問し殺害した施設を見に行きました。無数の頭蓋骨が大きなパネルになって展示され、閉じ込められた部屋、拷問に使われた器具、亡くなった人の顔写真を見たのです。

ポル・ポト政権は都市の住民を極端なまでに排斥しようとしたのでした。富裕層や特権階級だけじゃなく、学者、医者、芸術家、芸能人などが制裁の対象となり、多くは殺害された、と伝えられています。その展示はたしかにおぞましいもので、こんな恐怖政治は嫌だ、と思います。でも何かそれだけでは納得のいかない思いも残りました。

もともとベトナム戦争の混乱の中、カンボジアが北ベトナムの応援拠点になることを恐れたアメリカが、クーデターによって成立させた親米派のロン・ノル政権に対し、中国に亡命したシアヌークと呼応してアメリカと戦ったのが、ポル・ポト。１９７５年のベトナム戦争終結で、ロン・ノル政権が崩壊した後、農民主体の共産政権を目指した「クメール・ルージュ」の指導者がポル・ポトでした。

１９９２年の段階では、まだポル・ポト派は消滅しておらず、カンボジア北部でＵＮ軍と戦っていました。

プノンペンで出会った現地の若い記者が、ポツンと私に言った言葉が、今も脳裏に焼き付いています。

「カンボジア人は本当はもう一度、ポル・ポトが戻ってくるのを待ってるんです。」

◉カンボジアにて（1992年７月）

こんな私のような日本人に、どうして彼はそう言ったのでしょう。

今考えると、アフガニスタンでタリバーンが極悪なテロリストの烙印を押されたように、ポル・ポトもまた、抹殺すべき対象とされたことで、より残酷な独裁者のイメージを喧伝されたのではないか。哲さんとそのことについてお話しする機会がなかったことが残念です。

カンボジア滞在中、藤本敏夫と農村を一軒一軒歩き、川沿いの集落に大家族が揃って、豊かではないが平和な夕暮れを迎える人々の姿に、会うことができました。

日本から来たＪＶＣ（ジャパン・ボランティア・センター）が、その一軒一軒に井戸を掘るボランティアをしていました。ここでもまず「水」が命綱だったのです。

そのＪＶＣの紹介で、孤児院で歌った時のことを今も、一部始終覚えています。

孤児院といってもその時は、身寄りをなくした女性や、負傷した兵士なども収容されていて、小さな子どもたちの後ろにびっしりと集まっていました。初めは暗かった彼らの表情が、歌うごとに少しずつ変化し、感情の波が手に取るように伝わってきたことを今もありありと思い出します。体を動かし手を打ち、そのうちに、太鼓の音まで聞こえてきてびっくりして振り返ると、民族楽器を手にした人々がいつのまにか並んでいました。

バンドの他にも歌手が現れ、楽しい歌で一気に和み、最後に、もしかしたらみんなすぐ歌えるんじゃないかと思って、アカペラで「ソーラン節」を歌ったのです。もちろん楽器の人もすぐ伴奏をつけてくれて大フィナーレ！　みんなが踊り出すほどに盛り上がり、一緒に大合唱になりました。

どんなに大変な時にも、人々にはこんなに楽しむ力があるのだ、と感動でいっぱいでした。でも、目の前で歌を聞いてくれた孤児や負傷した人の直面している困難さを考えると、その短い時間に何を伝えることができたのか、その戸惑いは今も残っています。

8 「水を奪わないで！」

南アフリカ、ヨハネスブルグのWSSD

哲さんにお会いした2002年、夫の葬儀を終えた夏の終わり、私は南アフリカのヨハネスブルグで開かれたWSSDに参加しました。World Summit on Sustainable Development（持続可能な開発に関する世界首脳会議）と名付けられ、世界閣僚も顔を揃える大規模なサミットでした。

私は2000年に国連環境計画（UNEP）の親善大使に任命されていて、その立場で出席したのです。日本が開いているいろんなブースでトークイベントをしたり、ホールでコンサートをしたりしたのですが、その時、正式な国の代表者などが集まる会議場とは別に、世界の環境NGOや環境活動家の集まる会場があって、車で40分くらい離れていました。よりによってこんなに遠くにしなくても、と思いますよね。たぶん、本会議場にデモを仕掛けて乗り込んだりできないように、だったのでしょう（笑）。そのくらい、根本的に議論が断絶していました。

◉ナイロビのUNEP本部で（2001年）

私は両方に参加してみたのですが、日本政府が開いたのは、ODA拠出による水道事業の拡大についてでした。

ODAの拠出を受けた地域の代表者が、感謝の言葉を述べ、多くの人が水汲みの大変さから解放され、自治体も収入を増やすことができた、とコメントしていました。

その一方で、もうひとつのNGO会場で開かれたアフリカ女性会議では、「水を奪わないで！」と声をあげていました。

「水道事業の拡大によってどれほどの命が失われたか、深刻な事態が広がっています。これまでみんなが守ってきた水場が水道事業に独占されたからです。水道代を払えない人たちは、これまでよりもっと遠くへ水を汲みにいかなければならない。人命を危機に陥れる水道事業を止めなければなりません！」

私は大きな衝撃を受けていました。日本では水道事業が水の独占につながるという危機感を持っていなかったからです。

中村哲さんがアフガニスタンで直面したように、ここでも飲み水がなくて子どもたちが死んでいく事態が、起こっていたのです。

この親善大使に就任した2001年1月、UNEP本部のあるケニアのナイロビを訪問した時、ODA事業の視察をしたことがありました。

フラミンゴの生息地として有名なナクル湖に近い汚水処理場を見たのです。何段かの浄水池が完備された大規模なもので、汚水処理された水はナクル湖に返されるという理想的な施設でした。が、現状は危機的な干ばつでここに流れてくる下水が足りなくて、ナクル湖に返せる水は一滴もないというのです。

ほど近いところにあるドイツ支援の水道事業会社も訪問したのですが、ここでも水道代を払える住民が少なく、採算が取れないのと、水の確保が困難というので近く閉鎖することが決まっていました。

深刻な水不足の現実を、日本や欧米諸国が実際に把握できていないことは明らかです。

哲さんのアフガニスタンでの命がけの仕事と同じで、その土地に生きている人自身の事情が何より大切にされなければなりませんし、干ばつをもたらしている地球温暖化への根本的な対策が何も始まっていないことが、大きな問題です。

9　地面を掘ってはならない

モンゴルの永久凍土を守れ

UNEP親善大使として、2001年から2011年までにアジア、オセアニア地域を15カ国歩きました。地球環境の変化は、都市では感知しにくく、自然に近い暮らしほど直接の被害を被る！　それは如実に現れていました。

地球温暖化の原因を作っているのは都市生活なのに、その影響は遠く離れた生活を脅かす！　それが温暖化問題の解決を難しくしている、と思います。

2001年、モンゴルで知ったのは「永久凍土」という言葉でした。

モンゴルの大地には、ほんの1・5メートルか2メートルの地下に、氷の大陸がある。そのお陰で、砂漠地帯にも地下水が保たれているのだ、と。

遠い昔、チンギス・ハンは厳しい掟を決めていて、チンギス・ハン法典となって言い伝えられているそうで、その一番の掟が「地面を掘ってはならない」だったそうです。

◉ウランバートルにて（2001年９月）

この掟は遠い昔から浸透していて、モンゴルの人はもともと農業をしなかったそうです。土を耕すのは中国人だけだったと。

そしてウランバートル空港の滑走路に15度の傾斜があるのは、地面が掘れないために、そのままにされたからだ、というのです。

本当に不思議なことがいっぱいある国でした。その旅の途中、ゴビ砂漠の中の小高い山にラマ教の僧院の跡をたずねた時、山の上に湧き水があったことに驚いたのでした。

遠い山脈に降った雪が地下水として保たれているので、その水がサイフォンの原理で山頂にも湧き出す、と。そうした奇跡のような現象は、すべて永久凍土のお陰だというのです。

ところが、近年、ウランバートルには大きなビルが立ち並び、地面を掘るようになり、地下から天然ガスなどの資源も掘り出されることで、太陽の光が凍土に到達して凍った土が溶け始めている。

そして、そこからCO_2の20倍の温室効果ガス、メタンが噴出している！

うわー、と声をあげてしまうほどの出来事です。

永久凍土はモンゴルだけではなく、シベリアにも広大に広がっているのですから、それが溶け始めるとすれば、その影響は計りしれません。

ゴビ砂漠のゲルに泊まった日、珍しく大雨が降ったのです。翌日驚いたのは、砂漠一面がうっすらと緑に色づいていたことでした。地面の下には種が眠っていて、それが雨に瞬間的に反応するのだ、と。

この地球はなんとたくさんの奇跡に守られていることか。その絶妙なバランスが、この地球を人の暮らせる星にしてきたのですね。

永久凍土の氷解は、生物の生存への影響も大きく、地中に眠っていた何万年も前の病原体やウイルスを地上に甦らせることもあると心配されています。

今はまだ、なんとか生きられている、と思っているうちにも、急激な変化はもうすでに起こっているのかもしれません。

10　アラル海消滅の危機
ウズベキスタンへの旅

あのアラベスク模様のモスクが美しい「青の都」と呼ばれるシルクロードのオアシス都市、サマルカンドで知られるウズベキスタンを訪れたのは、２００３年５月でした。

日本から首都のタシュケントまで関西空港から直行便で８時間。時差も４時間しかないんです。やっぱりヨーロッパよりずっと近いアジアですね。

着いてすぐ行ったレストランでも、「ラグマン」という麺の入ったスープが美味しくて、それからずっと私たちは「うどん」と覚えて注文していました。

この旅の目的は、消滅の危機が叫ばれているアラル海の視察でした。街の美しさや美味しいケバブ、コリアンダーの香りにワクワクする気持ちもそこそこに、アラル海に近いヌクスという街へ飛びました。

飛行機の上から見るとタシュケントの周りはことごとく耕された畑で、そこを過ぎると砂漠でした。月面を見ているのかと錯覚するような激しい土の嵐を思わせる荒野。その先には白く塩の吹き出した畑らしい一帯が広がり、その向こうにヌクスがありました。

そこはカラカルパクスタン共和国というモンゴル系の住民の住む地域。パキスタンがもともと「パクスタン」だったと聞いたことがあるので、何かつながりがあるのか調べてみたくなりますが、ここはウズベキスタンの北西で、パキスタンとはかなり離れています。

迎えてくれた州知事がゴルゴ13みたいな人で、ヌクスの人たちは日本人そのものと言ってもいい親しみやすい顔ばかり。

１９５７年にはソ連での魚資源の13％を産出、湖水面積が世界第4位だったアラル海は、１９８７年には塩分濃度が高くなったために魚はほぼ全滅、30年間で湖面が10分の1になってしまったというのです。

翌日訪れたのはかつて湖畔だった街、ムイナク。今は白く塩の吹き出した平原の真っ只中にあり、水辺と呼べるところまでは１２０キロあるというのです。小型飛行機でその水辺まで飛んで行くと、北の方の彼方にわずかに湖水らしきものがあり、そこまでは薄っぺらい鏡のように白く光った水面が続いていました。

このアラル海にはアム川（アムダルヤ）とシル川（シルダルヤ）が流れ込んでいますが、この川の流域を灌漑して徹底的に綿花畑に開発したソ連時代の「自然改造計画」によって、アラル海に流入する水量が激減したことが原因だということです。

漁獲がなくなってからも日本海からの冷凍魚などの加工で操業していたムイナクの工場は、

◉アム川（2003年10月）

ソ連が崩壊した後には全て閉鎖になったそうです。

アム川とアラル海の間にダムを作って、住民の飲料水と農業のために真水を確保する計画があり、そうするとアラル海には一滴も水が入らなくなります。

ゴルゴ13のような州知事は、「本当は少しでも水を湖に入れて、湖水の消滅を防がなくてはならないのですが……」と顔を曇らせました。

干上がった地面には綿花栽培に使用した農薬と、地中から吸い上げられた塩分が堆積しており、その有害な粉塵が飛び広がって大きな健康被害にもなっていると。

「朝、気持ちよく晴れたのに鳥の声が聞こえなかった」と私が言うと、「ほとんどの野生生物は絶滅していますから」との答えでした。

こんなつらいお話ばかりのムイナクでしたが、そこにもまだ住民の暮らしがあり、かわいい子どもたちの遊ぶ住宅や、学生の姿もありました。

塩分の多い土にも育つサクサオールを干上がった湖底に植林して、その土ぼこりの散逸を防ぐ活動なども行われ、塩分の多い畑も水で洗って使っているのだとも聞きました。生き抜くための必死の努力に頭が下がります。

あの視察から10年が過ぎた2014年ごろ、「アラル海は消滅した」との報道を聞いて、ショックを受けていたのですが、今回調べてみると、カザフスタンの側で、シル川からの水をアラル海に流す堤防の建設が進み、北アラル海と呼ばれる北辺の水辺だけは水位も上がって漁獲量も回復しているという報告が見つかりました。

ほっとすると同時に、大部分を占める南アラル海の完全消滅が確認され、危機はついにここまで来ているのか、とも思いました。

哲さんが、アフガンの2001年の急激な干ばつで飢餓にさらされている人たちの救済を叫んでいた時、このアラル海はすでに地球危機のシンボルでした。

あれから対策としてできることはなかったのでしょうか？　そして、これからできることはあるのでしょうか？

11　いちばん早く海に沈むツバル
自給自足からネット時代へ

地球の温暖化で海面上昇が始まると、最初に消滅する国として脚光を浴びたツバルを、UNEPの視察で訪れたのは2009年。

ツバルの「ツ」は「立つ」の意味、「バル」は8の意味ですが、この国は9つの環礁から成り立っている国。サンゴの島がリングのようにつながって輪になった環礁、島の数は正確には数えられないといいます。人口は約1万人、そのうち半分の人が最も大きいフナフティ環礁のフォンガファレ島に住んでいます。

全長約15キロほどのこの島には、第二次世界大戦中に米軍が日本軍への攻撃を目的に作った飛行場があり、ほとんど国の機能がここに集まっている、というわけです。

着陸前、飛行機の上から翡翠《ひすい》色のブーメランのようなフナフティ環礁が見えた時、思わず声をあげたほど美しかったです。洋上に浮かぶ奇跡の首飾りのようで……。

◉飛行機から見えたフナフティ環礁（2009年11月）

少し前までは、環礁に囲まれた内海で手作りのカヌーで漁をし、サンゴの穴に葉っぱを入れた畑で、タロイモなどの主食を育て、豚を放し飼いにして時々丸焼きにして食べる、というような完全自給自足の島でした。

今は、皮肉なことに、私たち外の人間が来るようになったことから、今までなかった車が入り、石油と電気が入って、急激に変わったというわけです。いやはや、なんだか矛盾してる！

それでもほとんどの人は裸足で、サンゴの上でも歩けるほど足の裏が分厚くて、ブルドーザーも車も船も操る万能の男たち。

そう、ここは100年前、ゴーギャンが描いたタヒチと同じポリネシア、伸びやかで楽しさいっぱいの太陽の島でした。

島でいちばん人がたくさん暮らしている集落をプラプラと歩いていると、みんなニコニコ迎えてくれ、その高床式の家にあげてもらったら、ど真ん中に液晶テレビがドカンとあってびっくり。「なんか見るかい？」と、ポリネシアンダンスのＤＶＤを見せてくれました。もちろんテレビ放送も電話局もないけれど、インターネットはつながる島。出稼ぎで外からいろんなものが持ち込まれて、最先端技術が活躍しているというわけです。

『海面上昇』というノリノリの曲が大ヒット中で、そのシンガーソングライターのスタジオ（といっても小屋なんだけど……笑）に行ってみると、レコーディングできる機材が全部あり、彼は楽器の音もコンピューターで作って音源を仕上げたというのです。今でこそ日本の若いミュージシャンならこんな形で音を作っているけれど、がっしりと音楽産業の歴史があるだけに、むしろ私たちの方が古いシステムの中にいるのかもしれません。

私がせっかくだから、とライブをすることになった時も、彼らが音響を全部準備してくれた、というわけです。

ぎっしりと集まってくれた聴衆は、私の歌にもどんどん乗ってくれて、それはそれは楽しい時間になりました。

たくましい体からの地響きするような声で歌われる島の民謡には、原始のたくましさが今も生きていて、その素晴らしいエネルギーを受け止めました。

「温暖化の影響はどう？」と聞くと、「外海からの高波がちょっと大きくなったみたい」と、それほど気にしていない様子。もともとサンゴの島は潮の満ち引きで水浸しになる、なんてことも多いらしく、昨日あった島が今日はないということも珍しくないらしいのです。

でも、島の海岸に木があるとないとでは侵食の危険も大きく変わるというので、マングローブの植林をしている活動のお手伝いを、私もさせていただきました。

ホテルの部屋に戻ると、クーラーがちゃんと動いていて、空港までは車で移動。これが温暖化の原因なのになあ、とため息をつきながら、この夢のような島を後にしたのです。

12 東日本大震災後の日々

「想定外」という人災

地球温暖化の元凶として矢面に立たされているのは、火力発電。そのために、日本では今も原発再稼働への目論見は動き続けています。

２０１１年「３・11」の東日本大震災で、「想定外」の津波に見舞われたのは、奥州太平洋側の海岸線５００キロ。

岩手、宮城、福島の３県、同じ時に同じ場所にいた人でも、皆それぞれ違った被災者であり、語り尽くせない物語があると思います。

４月に入って岩手県を訪ね、５月には福島県の飯舘村、６月には宮城県名取市の閖上《ゆりあげ》地区に行きました。

防潮堤の建設や住宅の高台移転など、復興の槌音《つちおと》は聞こえてきますが、岩手、宮城でさえ、10年経っても戻る人が少ないと聞くと、本当に寂しいです。まして、先の見えていない福島の人たちにとっては、どんなに不安な10年目を迎えていらっしゃるでしょうか。

これからの日本にとって解決不能な傷跡となった福島第一原発の事故については、まだまだ封印されたまま、廃炉を含めた将来の見通しは立ちようがない状態です。

10年経って、やっと口を開き始めた人の証言のいくつかに、改めて真相の恐ろしさを噛み締めています。

朝日新聞に掲載された記事（＊1）によると、福島第一原発1号機が営業運転を始めたのは１９７１年。その建設予定地は当初35メートルの高台だったそうです。それが冷却水を海から取水する便宜上、10メートルに削られた、というのです。２００２年、国の機関が福島沖地震発生の可能性を指摘、10メートル以上の津波を警告したのですが、なんの対応もされず、２０１１年3月11日、15時37分ごろ最大15・5メートルの津波に襲われた、ということです。

地震発生で運転は停止していましたが、津波で電気系統が完全に失われました。1号、2号、3号、4号機ともメルトダウン、12日に1号機、14日に3号機、15日に4号機で水素爆発が起こったのです。爆発を防ぐために格納容器の圧力を下げるベントは、遠隔操作ができなくなっており、しかも弁を開けただけでは蒸気を放出できない仕組みになっていたといい、そのうえベントの配管が1、2号機では根本で切れていた、とわかりました。

操業を止めて検査中だった4号機には１５００体の核燃料が露出しており、水素爆発を免れた2号機も冷却装置が止まった後、最も重大な格納容器自体の爆発のおそれさえあったというのです。もしそういう事態になっていたら、半径２５０キロ圏が移住の対象になっていたかも

◉福島県飯舘村にて（2011年５月）

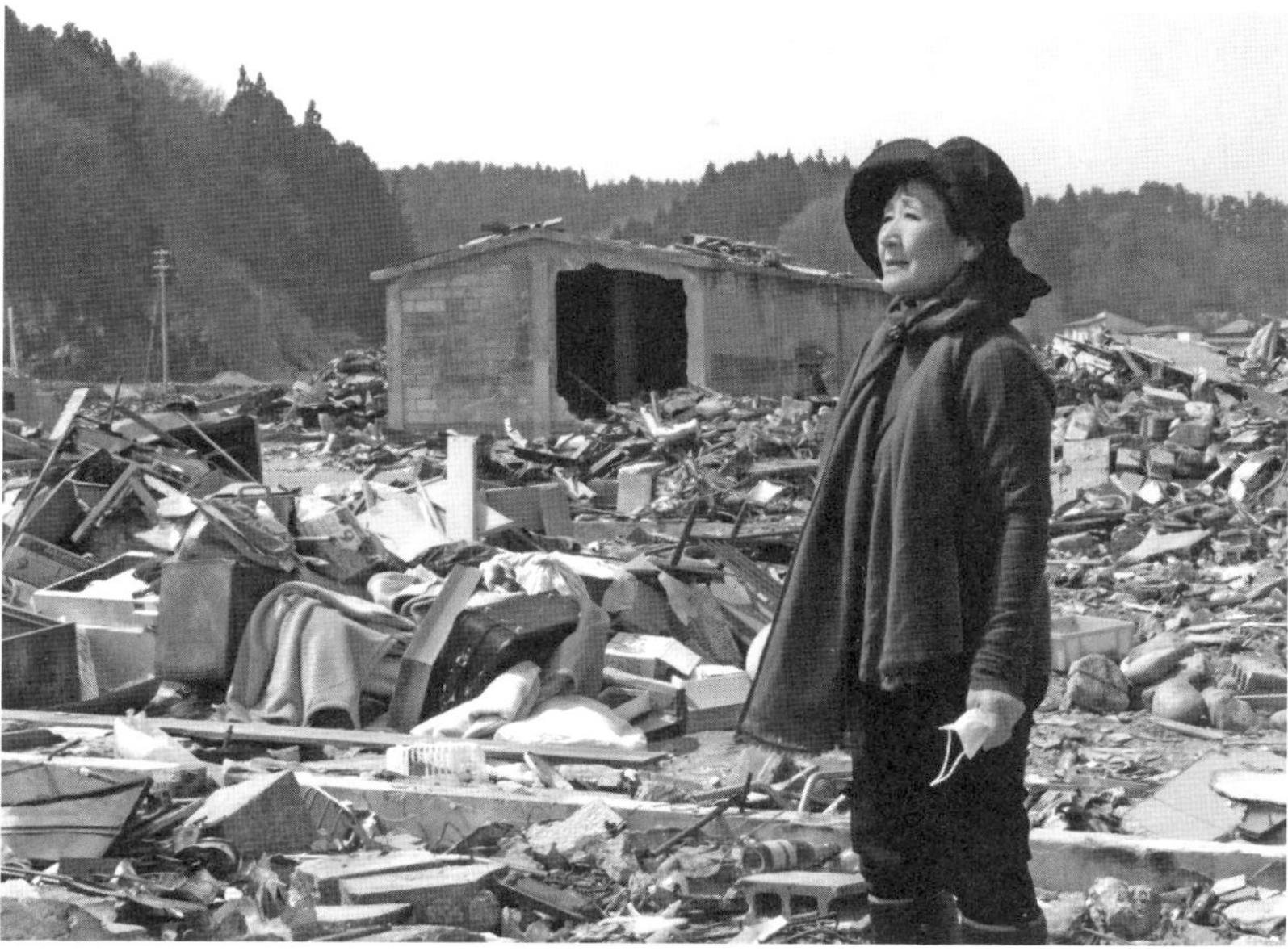

◉岩手県山田町にて（2011年４月）

しれない、と。

これからも日本各地の原発が、どのような状況に置かれているのか、いつもいつも注視していなければならない、というのが現実です。

南海トラフの地震では、これまでの想定以上の警告が出され、地球温暖化による海面上昇の影響も心配されています。

中村哲さんが生き抜いたアフガニスタンが、これまでの人類史のさまざまな対立と過酷な自然条件との格闘だったとすると、これからの日本は、原発という人類未踏の危機と、想定以上の自然の猛威との共存という難題に向かうことになります。

本当に心配です。

私の歌に『Revolution』という歌があります。

「碧い海にかこまれた　小さな国に生まれ
ふりそそぐ光の　ぬくもりの中で　平和な時代に　育った」

この至福のような自然に恵まれていながら、どうして私たちはその自然の豊かさも活かせず、こんな厳しい結果を引き寄せてしまったのか、それは私たちの世代の大きな責任であると思います。

＊1……朝日新聞　2021年2月28日付、3月12日付、3月18日付

13　ブータンで歌う

GNH幸せの国

2016年、『毎日新聞』での対談で、「2011年の震災後の日本についてどう考えていますか」という私の質問に、哲さんがこう答えていました。

「豊かさの考え方を変えないといけません」と。

「家族と共に暮らし、自給自足する生活は収入の多寡で表せないので、GDP（国内総生産）は増えません。それは豊かさの指標にはならないのです。」

私も震災後の困惑の中で、同じように感じていました。それで、GNH（国民総幸福量）という指標を示したブータンという国に行ってみたのです。

ある先生の学生のゼミ研修旅行に加えてもらって行った初めてのブータン。それはそれは美しい国でした。

まず標高2350メートルのパロの空港に着いた時、その気持ちよさをなんと表現してよいか。まずさわやかな風に吹かれ、お寺の境内のような空間に降り立ち、赤い瓦屋根の建物に迎えられます。白い壁には曼荼羅絵が描かれ、働いている人たちは皆、ブータンの民族衣装。男性は「ゴ」という正装。日本の着物と同じような縞模様の着物を膝丈までにからげてウエストで帯で留め、ハイソックスに革靴、短めの袖には白い袖カバーがついていて、それはそれはかっこいいんです。

そこから首都ティンプーまで車で走るのですが、その前にキチュ・ラカンという寺院に行きました。いくつも回廊があり、そこをマニ車《ぐるま》（円筒形の仏具）をクルクル回しながら行くのですが、あんまりたくさんマニ車があるので、「私、何お願いしようか、って悩んじゃうわ」って言ったら、通訳の人が笑ってこう言ったんです。

「ブータンではマニ車を回す時、自分のことはお願いしないです。みんなの幸せとか、生き物や未来のこととか、そういうことですね。」

なんだか、顔が赤くなるくらい恥ずかしかったです。

神社でおみくじを引くときも、お寺で手を合わせるときも、自分のことや身内のことをお願いするのが当たり前に考えていた私。なんという不届きなことだったんだろうと。

顔立ちは日本人とそっくりで、みんな表情が優しいんです。

首都ティンプーの街の真ん中には公園があって、そこにゆったりとベンチがあり、大きなマニ車があり、野外劇場もあります。たったひとつの交差点には6角屋根の可愛い建物でお巡りさんが交通整理をしていました。大きな建物でも4階か5階くらいで、みんな窓の縁にお洒落な赤い木の枠があって、白い壁には、かわいい絵が描かれています。

ブータンはどこまでもブータンなんです。チベット仏教の教えのままの暮らし方。例えば仕事でお金を稼ぐというのは恥ずかしい行為で、徳を積むことを目指して働くのだとか！

ブータン人の大工さんは木造の家しか建てない、とか。でも最近どうしてもコンクリートを使うことが多くなり、そういう労働はインドからの出稼ぎの人にさせるのだと。

まあ、こんな夢のままに生きている国でも、近代化の波は皆無とはいえず、最近テレビ放送が始まり、若者たちはインターネットやスマートフォンにはまっている、と。

こんなことだと、あっという間に変わってしまったりするのかもしれませんが、アフガニスタンと同じで、ここも厳しい山岳地帯の暮らしだけに、農業主体の古い暮らしが守られているんです。

面白い話はキリがありませんが、通訳してくれた人がこんなことを言っていました。

「飛行場がパロの他に東部の山岳地帯の方にもできたので、外国の旅行客に『パロから飛行機でまっすぐ行きたいから同行するように』と言われたので、『私は歩いて行きますから飛行機代をください』と言ったんです。私はそのお金で5日間も楽しい旅ができて、母に一年分暮らすお金を上げられたんです。早く行くより、たくさん旅をした方がいいのに、どうしてみなさんは急ぐんでしょう」と。

うーん、これならGNHも守られそうですね。

お酒は「シンチャン」「バンチャン」という自家製のどぶろく、食事の時に出てくる唐辛子

◉ブータンにて（2012年）

の薬味も、レストランごとにオリジナルの味のものので、お店で売っている商品じゃないんです。

すっかりこの国のファンになってしまった私。

次の年にあのティンプーの野外劇場でコンサートを開くことになりました。２０１１年秋に来日した王様と王妃様にお会いして、ぜひ、ということになったのです。

野外劇場には、王様と王妃の写真と私の写真が並んで飾られた特設ステージが作られ、子どもたちの合唱や、この国を代表する音楽家とも共演し、楽しく盛大に行われました。

本番までには日本から行ったスタッフの悪戦苦闘はあったようですが、驚いたのは、手伝いの人が約束の時間通りに来ないことで、ブータンには先の予定を決める習慣がない、という大発見がありました。ちょっとカリカリしていると、「そんなことで怒るのは恥ずかしいことだ」と言われ「みんな何か理由があるんだから責めたりしてはいけない」と言われたそうです。

コンサートの準備もリハーサルも終わって、本番の前日は、広場に面したホテルに泊まったのですが、夜中に、外が大騒ぎ。なんと、犬たちがそのステージに大結集して、「わんわん」「ワンワン」のお祭り騒ぎだったのです。

この国では全ての動物たちが自由で、道路でも動物と出くわしたら、じっと待つんだそうです。

日本も仏教国なのですから、事によったらブータンのように暮らすのはむいているかもしれませんね。

先の予定を決めないのは、苦手かもしれないけど（笑）。

14　サハリン島（2018）

日露戦争とペレストロイカ

哲さんが1984年に赴任したペシャワール・ミッション病院が設立された1904年の頃、サハリン島はロシア帝国の領土でした。

1905年、日本が日露戦争でロシアに勝利した時、島の南半分、北緯50度までが日本の領土になったのです。

19世紀のロシアは思想や文学、音楽、どの領域でも素晴らしい天才を生み出した時代。『戦争と平和』『復活』のトルストイ（1828〜1910）や『罪と罰』『カラマーゾフの兄弟』のドストエフスキー（1821〜1881）など、革命前のアヴァンギャルド芸術と共に、世界に与えた影響は計りしれません。

サハリン島はその強大な帝国にとって、多くの思想犯が送られる流刑地でした。

この2人よりひと世代若いチェーホフ（1860〜1904）は、1890年にこのサハリンへ渡り、医者としての視点からも、この島に送られた流刑人たちの極限生活を徹底的に調べて『サハリン島』を書きました。チェーホフにとってこれが転機となり、その後、代表作『桜の園』など傑作を残しますが、結核を患い1904年に他界します。

1905年、この獲得した新しい領土に、日本から続々と人々が渡っていきます。最初に入った新聞記者たちと一緒に、あの『赤い靴』『七つの子』の作詞で知られる野口雨情も行っており、彼は国境線を突破してロシアに渡ろうとしていた、と言う人もいます(＊1)。

日本の人々にとって、この新天地への興味がいかに大きかったかがわかります。

たくさんの資本が投下され、道路や鉄道が引かれ、大きな製紙会社も建設されました。けれど1945年の終戦で、日本はこの領土を失い、この島で生活していた人々は8月9日以降参戦したソ連による攻撃にさらされ、多くの犠牲者を出すことになりました。

私は、2018年6月、このサハリンのユジノサハリンスクにある「チェーホフ劇場」でコンサートを開きました。戦後、日本に帰国できなかった残留日本人を支えてきた「日本サハリン協会」の人たちと準備して、やっとの開催でした。

以前は負の歴史として封印されていた日本の占領時代のことも表に出せるようになり、日本の建設した建物に、過去の写真を展示した歴史博物館も公開されて、親日ムードが高まっているというので……。

コンサートには地元の大学生がコーラスで参加してくれ、客席には残留家族の顔も見え、一般の人もぎっしりで大成功でした。鍵になったのはもちろん『百万本のバラ』。

◉サハリンコンサート（2018年）

この曲は１９８０年代にラトビア語で作られた子守唄。ロシア語に翻訳されて全ソ連で大ヒット。それから10年、ペレストロイカの嵐の中でソ連が崩壊し、それぞれの共和国が独立していく解放のシンボルソングと言ってもいい、大きな意味を持った歌として私は受け取ってきました。

私は、サハリンのいくつかの場所で学生や地元の人たちとの交流の会をもったのですが、その時、この『百万本のバラ』の歴史についても話したのです。

その時ふと、私が「ペレストロイカ」と言う度に、みんなの顔が厳しくなるのに気がついたのです。

通訳の人に「どうしてかしら」と聞くと、「ここではペレストロイカでみんなすごくひどい経験をしたので、大好きな『百万本のバラ』と一緒にしてほしくないんです」と。これは大きな衝撃でした。

やっぱり私たちは西側の人間として全てを見てきたのだなあ、と深く反省。この極東の島でもソ連時代は、職場と家を保障され、医療も学校も無料で、食料の配給もあった。その全ての補償を失ったのが「ペレストロイカ」だった、というのです。

哲さんが、アフガニスタンに2002年以降アメリカが入って、民主化という解放をアピールした時、人々が手にしたのは、「麻薬をつくる自由。逼迫した女性が売春する自由。貧乏人がますます貧乏になる自由。子供たちが餓死する自由」[5]だったと表現したのと、似ているかもしれません。

この小さな島に凝縮された歴史の重さに、ただただ頭を垂れるしかない、たくさんのエピソードを抱えることになったこの旅。一人の残留夫人のことをご紹介します。

彼女は、終戦の混乱で父も母も亡くし、兄と離れ離れになり、13歳で朝鮮半島から来ていた人と結婚、子どもを産みました。半島から徴用された人たちは、戦後も帰国できず残留していたので、多くの日本人がこうした経過をたどったのです。

その後も幾度かの別れがあり、新たな結婚もあって、今は大家族で暮らしています。ご自慢のひ孫は、ロシア人と韓国人と日本人の混血で、すごい美人！

「かわいいでしょう？　混じりっ子、っていうの。今は本当に幸せよ。でもね、死んだら魂だけでも日本に帰りたいんです、どうしても。」

彼女のこの言葉を、深く私の心に刻みたいと思います。

戦争や紛争で故郷を奪われた人々は、その望郷の強さに導かれて生き抜くのでしょうか。

哲さんが共に生きた人々は、故郷への、家族へのささやかな願いを抱きながら、これからも生きていくのですね。

この世を去っていく人々もまた、永遠の光になって人々を見守っていく！

それが「天、共に在り」ということなのですね。

＊1……野口雨情の孫娘となる野口不二子さんの書かれた『郷愁と童心の詩人　野口雨情伝』（講談社）の中に詳しく紹介されています。

15　中村哲さんに続くものとして

「悪をなす者がこの世を滅ぼすのではない。それを見ていて何もしない者たちが世界を滅ぼすのだ。」（アインシュタイン）

地球の温暖化を強く訴えたレヴィ・ストロースは、このアインシュタインの言葉を、自室の壁に貼っている、といいます。

「見ていて何もしない者たち」

たしかに私たちの多くは、そこに立ち止まっています。

本当に、これから何ができるのか、途方に暮れています。

でも何も知らなかったでは済まない、今日という日を生きていることを、大切にしたいと願っています。

見えてくること、聞こえてくることに、しっかり五感を開いて、丁寧に生きていたいと、それだけを念じています。

２０２１年、鴨川自然王国で迎えた正月は、19年前と同じように美しく晴れ上がっていました。

今は孫が7人になり、毎年、正月だけは、私の手作りのおせち料理でお祝いします。

２０１９年の台風15号の被害で、今も風の跡がそのまま見えるほど木がなぎ倒されたままで、集落の藁葺き屋根の上のトタンが飛んであちこちがブルーシートのままですが、それはこの限界集落が、新しい未来に道を開くきっかけなのか、それとも終焉の始まりなのか、岐路に立っていることを感じます。

カブトムシの仕事をしている人がふと訪ねてきて、この自然王国の森を歩いて、こんなことを言いました。

「この森は驚くほど渇いていますね。落ち葉の下をいくら掘っても濡れた地面がありません。これじゃあ、カブトムシが幼虫をうみつける場所がない！」

いつも地面の水はけが悪く、畑でもそれが悩みの種だったので、本当に意外な言葉でした。

北日本では大雪の多かったこの冬ですが、こちらはたしかにまとまった雨の少ない冬でした。去年の夏は逆に日照りが足りなくて、夏野菜が十分に収穫できなかったり、気候の変化はだんだん予測不可能になってきています。

足利での山火事が何日も続いたことも衝撃的でした。荒れ放題の山が放置されていることも不安です。

それでも、２０２０年のコロナ禍の暮らしで、「どこでどんな暮らしをしたいのか」「暮らしを豊かにしてくれるとはどんなことなのか」を、人々はこれまでよりずっと考え始めています。

日本がついこの間まで、農民が90％以上の国であったこと、文化や習慣を稲作と共に築いてきたこと、今もまだ田舎に帰れば、農業できる田畑がいっぱいあることを、これからを生きる人に伝えていきたいと思います。

哲さんがアフガニスタンで命をかけて農民が暮らせる故郷を築いた歳月を思うにつけ、水も豊富でほうっておけば緑に埋もれてしまう風土でありながら、農業を国の土台にすることを放棄し、農業人口を5％に満たない国にしてしまった日本は、世界全体の未来にとっても大きな損失だと思います。

命するものとしての真っ当な暮らしを、一人一人が心がけ、森も山もカブトムシも爽やかにイキイキとしていることを目指したい！

それをただ願っています。

Now is the time　作詞・作曲　加藤登紀子

今　この瞬間　同じ時を生きている
宇宙の闇に浮かぶ　ただ一つの星で
それぞれの小さな窓から同じ空をみてる
人はこの世に生きる全ての
生命を愛せるただ一つのもの

いく万年もの歴史の中走りつづけ
迷いも怖れもなく夢をただ追いかけた
壊された大地の上に今聞こえる
人はこの世に生きる全ての
生命を守れるただ一つのもの

こんなにもたくさんのもの傷つけ失った
欲望の果ての空に響く沈黙の叫び
今すぐにやりなおせたらちがう明日があるはず
あなたは今この瞬間気づいていますか

人はこの世に生きる全ての
生命を愛せるただ一つのもの
人はこの世に生きる全ての
生命を守れるただ一つのもの
Let's change our lives ……………………

Révolution　作詞・作曲　加藤登紀子

碧い海にかこまれた　小さな国に生まれ
ふりそそぐ光のぬくもりの中で　平和な時代に育った

愛をはばむ戦争もなく　飢えて死ぬ人もいない
捨てるほどのものにかこまれて　ほんとに欲しいものがみえない

400年前の森を切りきざんで　砂浜や川や湖を
コンクリートでかためて　生きものたちを　豊かさのいけにえにしていく

気づかないうちに　何かが変わった
いとしいはずのものたちを　ふとしたはずみで殺してしまえる
そんな息子たちが今ふえている

生きてることは　愛することだと
ほんとはわかっているのに
自由なはずの　誰もかれもが
がんじがらめの　とらわれ人なのか

La　Révolution　夢ではなく
今一人きりで心にきめた
La　Révolution　大事なこと
体中で感じるために
La　Révolution　ながされずに
愛するものを　抱きしめるために
La　Révolution　夢ではなく
今たしかに　心に決めた　La　Révolution

第三部

生きるための10の言葉

哲さんは、雄弁というよりは訥々とお話しになる方で、講演もあまりお好きではなかったと聞きました。でも私は哲さんのお話が大好きで、決して難しくなく、必要なことを伝わりやすく、ほんのりとユーモアのある言葉でお話しになる、達人だったと思います。

若い医学生に向けた講演会を収録した『医者よ、信念はいらない まず命を救え!』や、『ペシャワールにて』『ダラエ・ヌールへの道』など、中村哲さんのさりげない言葉が、とてもわかりやすく、これからを生きる人のヒントになると思い、「10の言葉」にまとめてみました。

その言葉にあやかって、私の生き方もちょっぴり……。

人は他の生き物より、安全に快適に生きられるように励んできたのかもしれませんが、なんだかそううまくはいかないようです。あえて言えば、生きることが楽じゃないから、楽しい!

そう思ってみませんか?

1　一隅を照らす。★1

哲さんの大好きな言葉。天台宗の最澄の言葉です。

人は限られた場所で、いろんな制約の中で生きていますが、「どこにいても、その場所で、精一杯生きなさい」ということ。それをもっと哲さんらしく話している対話をご紹介しましょう。

『医者よ、信念はいらない　まず命を救え！』の中で、医学生の質問に答えています。

Q　将来海外で医療をしたいと思っているのですが、どんな覚悟を、どんな志を持てばいいのか教えて下さい。

A　水を差すようですけれども、だいたい「こうしたい」と思ってその通りになることはあんまりないんですね（笑）。仕方ないよなあと思って、したくなかったことを、ずるずるとやることの方が多いのです。だからといって志をもつのがダメだというのではなくて、それはそれで温めておかれてですね、そして「犬も歩けば棒に当たる」（笑）という気持ちでよいのではないかと思います。

「犬も歩けば棒に当たる」は名答だと思います。まずは、歩き始めることですよね。歩かなくては棒にも当たれないわけですから（笑）。

同じようなことは「わらしべ長者」でも言えますね。一文無しの男が道を行き、転んだ時に握りしめた一本の藁から、全てが始まっていく、というあのお話。転んだ瞬間に藁をつかむかどうかにもかかっています……。

そして、さらに哲さんは、こう続けます。

「たまたま運が悪くて、縁が無くて、そのせっかくいい種なのに、石の上に落ちた。いつまでたっても風が吹き飛ばしてくれなかった。そういうときは石の上で上に伸びていくしかないのではないでしょうか。」

石の上に種が芽を出すのは大変ですよね（笑）。さらりっと哲さんは言っていますが、これこそが哲さんの教訓です。

自分のいる「一隅」がどんなに厳しい条件のところであっても、「こんなところにいてもしょうがないよ」と言わず、そこでやってみるということが「一隅を照らす」ということだ、と。あなたがそこを照らすことで、そこが「どうしようもないところ」ではなくなるかもしれない、と。

人はみな、どんなに偉い人でも、限られた世界にいます。

広い世界を相手にしている、と思っていても見えていないことの方が多いのです。そのことを心得ておくのも、「一隅を照らす」の、もうひとつの意味かもしれませんね。

2

どうやって溶け込んできたか、ということですが、これは肌で感じないとわからない。水に放り込まれた子どもが、必死で泳ぎを覚えるのと同じなんです。

これは、『医者よ、信念はいらない　まず命を救え！』の文中で哲さんが風土も宗教も違う世界に飛び込んでいった時、何に気をつけていたかを尋ねられた答えです。

「水に放り込まれた子ども」は素晴らしい例えですね。

水に入る前に、畳の上でいくら泳ぎを練習してても無駄なんです。水に入ってしまえば、自然に体が泳ぎ出す、ということが肝心。かえって予習をしすぎたり、ああしようか、こうしようかと考えすぎていると、いちいち歯車が噛み合わなくなって、溺れてしまうんですね。

似たような言葉に「習うより慣れろ」があります。頭を空っぽにして、その場にハマっているうちに様《さま》になってくる、と。

でもこれは口で言うほど簡単ではありません。

私も海外で日本語のわからない人の前で歌ったり、被災地で歌ったりする時に同じことを思います。目の前の人がどんなことで苦しんでいるのか、何を求めてそこにいるのか、全然わからないのです。

だからこそ、そんな時はあえてそれを探らず、ただ飛び込むんです。

水泳選手だってきっと、飛び込む前は緊張するでしょう。飛び込んでしまえば何も考える暇はありません。一心に泳ぐだけ。水と一緒になることで力が湧きます。

私も一心に歌い、目の前の人と一緒に泳ぐことで、その一部になっていくんです。

「溶け込む」ということは、相手の側に入ってしまうこと、その瞬間を一緒に味わうこと、相手が自分になり、自分が相手になり、その境目がなくなってしまうことなのです。

そのためには、まず、あなたが楽でないとダメだと思うの。頑張りすぎないように頑張るのよ。

恋もそうです。家族も、友人も、みんなその「溶け込む」ということにかかっているんです。

どうぞ、どんどん水に飛び込んで、下手でも泳いでいるうちにわかってくるでしょう（笑）。

成功を祈っています。

3 ものを持てば持つほど、金を持てば持つほど、一般に顔が暗くなる。★2

この一言には、脱帽です。

全くその通り、立派すぎる家の前を通ると感じるでしょう？　何か幸せそうじゃない物語が見えてきますよね（笑）。

親子の仲がうまくいってなさそう、とか、嫁と姑のいがみあいがありそうとか。「お父さんが会社の偉い人らしいよ」と聞いただけで口うるさそうだし、最近家を建てたという人は、だいたい借金をしてるので、機嫌が悪い。そういう時は病気になる人が多い、とか。身につまされるような寂しい感じがします。

哲さんはこう言っています。

「なかなか人間というのは贅沢から抜けられない癖があって、つい自分のいい生活を守ろうとして暗くなるのではないでしょうか。」★3

そしてこうも言っています。

「日本人全体が豊かになってきたということで、良いことか悪いことかわかりませんけれど、自殺者が激増したというのは事実です。」

哲さんは医師としての最初の仕事が精神神経科で自殺企図を発見し防止することだったそうです。

なので、哲さんが自殺者の増加を気にしているのには、深い思いがあると思います。精神の悩みを抱える人の多くが、「生きることの意味がわからない。なぜ生きているのですか？」と尋ねるそうです。

生きるとは？　そして豊かさとは？　人間って、ほんとに難しい生き物ですね。

こんな話を思い出しました。

南アフリカから来たミュージシャンが、ある時こんなことを言ったのです。

「アフリカは気候がよくて森にいくらでも果実がなっていて、必要なだけそれをとってくれば一年中困らなかったので、夏の盛りにはみんなで踊ったり歌ったり人生を楽しんでいたんです。そこへ北の方から来た人たちは、よっぽどお腹が空いていたのか、森の果実をいっぺんにとってしまって、自分たちだけのものにして、他の誰にも渡さなかったのです。」

そう、アリとキリギリスのようなお話ですね。夏の間、キリギリスが歌ったり踊ったりしているうちに、アリたちはせっせと働いて食べ物を森から運んで巣に集めました。冬になってキリギリスが森へ行ってみると、もうひとつも残っていませんでした。そしてアリたちは、飢えて苦しんでいるキリギリスに決して食べ物をあげませんでした、という……。

これはヨーロッパから日本に伝わった、しっかり勉強して働くことの大切さを教えるお話です。

南アフリカはオランダ人が最初に植民地にした国。その後でイギリスが占領し、独立後も長い間、人種差別政策（アパルトヘイト）がとられて、ネルソン・マンデラが27年監獄にいてアパルトヘイトに抗議し、その後、大統領になった国です。

今は黒人差別はなくなっていますが、黒人が強制的に居住させられたタウンシップには、今も黒人の多くが暮らしています。

その首都、ヨハネスグルグに行った時、タウンシップ、ソエト（South Western Townships）に行って、驚いたのです。

見渡す限りに小さな白い家が立ち、そこから歌声が響いていました。子どもたちはサッカーボールを蹴り、大声で叫び、手をつないで走り、広々とした空の下で精一杯遊んでいます。ここは天国か?! と思ったくらい、素晴らしかったんです。

でもこの国のお金持ちは世界で一番、と言われるくらいの大金持ちで、お城のような家に住んでいます。高い塀に囲われ、鉄条網が張り巡らされて、警備の門番が立っています。

その中にいる子どもたちは、外に遊びに行けないし、友達とも遊べない。たぶん家庭教師に怒られながら勉強させられているでしょう。牢屋の中にいるようなものです。

どちらの顔が明るいかと言えば、もう決まっています。黒人居住区のお母さんたちも底抜けに明るくパワフルです。楽しそうにビールを飲んでいます。

でも、お母さんがポツッと、「みんな

なんだか泣きたくなるようなお話。

哲さんがアフガンの子どもたちのことをこう言ってましたね。

「ここの子どもたちはいつも輝くような笑顔です。死ぬまで明るい」と。

輝くような笑顔に、本当の未来があってほしいですね。

お金があって顔が暗くなるくらいなら、お金持ちでない方がいい！　そう思えば人生が、パッと明るくなる気がします。

最後にもうひとつ、哲さんの言葉。

「弱い者にこぶしを振り上げて自分の利益を守るというのは、人として下品な行動だと思います。」★4

そして国としても、下品な国になってほしくないですね。

4 ステータスに振り回されなければ、もっと自由に生きられる。★5

インタビューの中で、哲さんは言っています。

「医者は、高い要求水準を下げさえすれば、かなり自由に行動できるのです」★6と。

「医者という階層全体が日本では、高水準の生活をするのが当たり前という通念があり、これがネックになっていると思います。」

ステータスとかつまらぬことに振り回されなければ、もっと自由に仕事の仕方を選択できるというのです。

このことは医者に限らず、いろんなところに通ずることなのではないでしょうか。

去年から今年にかけて、若い世代にとって大きな試練の年になりました。長い間、受験勉強して大学に入ったのに、休校になったり、リモートになったり、当てにしていたバイトがなくなり、アパート代や授業料が払えなくて、退学に追い込まれる人も多いです。これは本当に厳しい現実です。

こんな時、自分自身の中に築いてきたステータスが大きく揺さぶられることになる、と感じる人も多いのではないでしょうか。

仕事を変えざるを得なくなった人も、自分のステータスを維持しなければ、というプレッシャーは大きいと思います。

自分の仕事の価値、あるいは存在の価値を、手にする報酬によって計る、という考えは、根強く社会の中にもあるので、これを乗り越えるのは、並大抵のことではありません。

でも、あらゆる価値に裏と表があるように、根底から生きることを考え直す、挑戦も必要なのではないでしょうか？

自分の生きる意味、生きる場所、存在の価値を自分が決めていいのです。なんらかのステータスに保証される価値ではなく、自分自身の選んだ生き方の中で。

この新型コロナの一年は、あらゆる分野で生活の危機に直面する人を生み出しました。技術者も、芸術家も、音楽家も、自分の持っている力を発揮する場を失った！

そのダメージをどう乗り越えるのか。

哲さんの生き方を大きな励みにしたいと思います。

今、ここで、自分のできることは何か。

目の前の人を助けるためにできることは何か。

今日から明日へ、一歩を踏み出すためにできることは？

アフガニスタンの人が何度も故郷を失い、難民となって、それでも故郷を復活させてきたように。

5

農業がある限り人間は生きていける。電化製品は食えないけれど、札束はやがて薪にしかならなくなるけれども、食べ物さえあれば人間は生きていける。

★7

これは、私の大好きな言葉。特に「札束はやがて薪にしかならなくなるけれども」というあたりは、笑いながら泣けてしまいます。

これは極端なインフレで紙幣が紙屑になる、という意味もありますし、国の支配権がいろいろ入れ替わったりすると、使える紙幣が突然変わったりする、といったこと。もっと怖いのは、お金があっても買えるものがない、食べるものが売られていない、食べるものがどこにもない、という恐怖のシーンが浮かぶことです。

そんな経験を比較的しなくて済んでいるのが日本です。が、２０１１年の東日本大震災の時は、かなり広範囲でその恐怖を味わうことになりましたね。

盤石に見える私たちの暮らしにも脆弱《ぜいじゃく》さがあることを意識するよい機会だった、と思います。

私の家族は、旧満州（今の中国東北部）で終戦を迎えたので、日本の敗戦後、日本の支配権がなくなり、ソ連の侵攻で一時ソ連の支配下に置かれ、その後、中国共産党の毛沢東軍と国民党の蒋介石軍の内戦で、その占領地域によって支配権が動いていく、といった混乱の中を生き抜きました。

いつ、どの貨幣が、どこで通用するかを知らなければ、そう、たぶん、薪か、一瞬の付け火にしかならないわけです。


さて、農業ということについては、私の夫も死ぬまで頑張ったテーマでした。

日本も戦前までは人口の95パーセントが農民の国でした。それが今は、5パーセント未満。食料自給率も40パーセント以下といわれています。

95パーセントの耕す人がいなくなったきっかけのひとつは、農業の機械化だったんですよ。機械を買うのにお金がかかるので、現金収入を得られる仕事に就く必要があったから。化学肥料、農薬が使われるようになると、手間よりお金の農業になり、担い手が減少し続けたのです。今は、その担い手が死去する時代になり、あちこちに耕されなくなった不耕地が増えています。

私たちは、夫が残してくれた千葉県鴨川市の里山の「鴨川自然王国」という農園を受け継いで、今、娘の家族が畑、田んぼを耕し、野菜の半分くらいと、お米、味噌、醤油を自給しています。それに最近はイノシシや鹿の肉が獲れていて、肉を買うことも減ってきました。

田舎暮らしでは、お金をあまり使わないので、収入の減少に対する不安は減りますし、農業は自営業なので、それなりに自由。そして生活そのものが芸術、といってもいいかな?!

私は以前、鴨川市にある大学のキャンパスで、大学生に講義をしていたことがあるのですが、その時、「せっかく鴨川にいるのだから」と漁師さんに船を出してもらって、学生を船に乗せたり、東京から移住して農業を営んでいる若者を紹介したりしたことがありました。

すごく楽しい実習の後、「どう? 農業とか、漁業、やってみようと思う人」と聞いたら、誰も手をあげませんでした。

「せっかく大学まで行ったのに、それじゃあ、親が許さないから?」と聞いたら、みんな「うん、うん」と頷いていました。私も、職業としての農業に未来があるか、と言えば、難しい問題もいっぱいあるけれど、農業するっていろんなことをすることになるのよ。

土を耕すだけじゃなく、溝を掘ったり、草刈りしたり、小屋を建てたり、柵をこしらえたり、災害対策したり、森の手入れをしたり……。生きるために必要なことを身につけている人になるということなんです。

中村哲さんがアフガニスタンの人に絶対の信頼を置いたのは、彼らが、そういう実力のある農民だったからです。

農業を職業として選ばなくても、生きるための実力を身につけている人。そういう人になりたいと思いませんか?

6 いかに少ないお金で、いかに多くの人に恩恵をもたらすか。[★8]

貧富の差の激しい社会です。

アフガニスタンでは、「数百円といわず数十円のお金がなくて死んでいく貧乏な人が数知れずいる一方、片方ではちょっとした病気でロンドンや東京に飛んでいけるという人がいて、ギャップが激しい」[★9]と哲さん。

そのような極端なギャップは、国と国の間でも起こります。外国から持ち込まれたお金が多ければ、貧しい国で喜ばれるかというと、そうばかりとも言えない。ギャップが激しいと、あらゆるところで価格の混乱が起き、そのつらい現実に哲さんの活動もずいぶん影響を受けてきました。

だからと言って、カネやモノは要らないわけではない。ちょうど必要なお金があることが大事。大きなお金の持つ暴力的な力が働かないためにも、「いかに少ないお金で、いかに多くの人に恩恵をもたらすか」なのです。

私は、２００４年スマトラ沖地震で大きな津波被害にあったスリランカに行ったことがありました。

この災害時、小泉純一郎首相が80億円を気前よくポンと出したのです。どんなに感謝されているかと思ったら、災害復興を担当している政府の人がこんなふうに説明してくれました。「あのお金は、今銀行に凍結しています。外に出すと、この小さい国の経済が破綻してしまうのです」と。

その時すでに復興のために大工さんの需要が一気に増えて、大工の賃金が高くなり一般の人が困っている、と聞きました。本当にお金って難しいんですね。

またアフリカの貧しい国の子どもたちの支援をしている人が、子どもたちの学校がないので、雨風を凌げるテントでいいから寄付してくれないか、と日本の政府の出先機関にお願いにいった時、「日本から贈る学校は鉄筋コンクリートで、それなりの規模のものと決まっているので、そのような小さなお金は出せない」と断られたそうです。私たち素人には、絶対にわからない発想ですよね（笑）。

哲さんは「学校は校舎がなくてもできます」と言ってます。

「アフガニスタンでどちらかというと、一般的なスタイルは青空学級です。ほとんど雨が降りませんから」と。

問題は学校の校舎ではなく中身だ、というのは診療所も同じで、初めは農家の軒先を借りて始まったというのです。

哲さんのこんな言葉もあります。

「神は、人間にできないことは決して強制なさらない。」★10

「できないなら仕方がない。しかしできることはきちんとする。百円あれば百円だけのことをするし、1億円あれば1億円だけのことをする。」★11

至極真っ当な言葉ですが、お金の価値についてのこの丁寧な取り組み方こそ、行動の正当性につながる重要なテーマなのだと思います。

「限られた枠の中で最大限のことをする」★12

しっかり胸に刻みたい言葉です。

7

90パーセントの事実が1パーセントの事実と等価にされてしまう。日本全体がかくも嘘で固めた情報に動かされている。★13

例えば、「たった一人、あるいは1パーセントがテロリストだ、というだけで90パーセントの人をテロリスト扱いしてよいのか？」という哲さんの怒りです。

2001年の9・11アメリカ同時多発テロの後、主犯とされたウサマ・ビンラディンがアフガニスタンのタリバーンに逃げ込んだ、というだけでアフガニスタンのタリバーン全員がテロリスト扱いされたことへの中村哲さんのやるかたない憤懣《ふんまん》が伝わってきます。

「これじゃ、熊本にお城がある、というだけで熊本の家は全部お城だ、というようなものだ」と。

これは、私たちが直面している大きな問題です。全部知ってるわけじゃないのに、ひとつ知っただけで、そこから全部を知っているつもりになるという、よくあるうっかりミスも含めて……。

テレビや新聞の報道は、たった一人の出来事なのに、全世界が注目してしまう、そういうビッグニュースが大好きです。アメリカのトランプ大統領はそのテクニックを駆使した一人だった、と思います。

今の政治が、そうしたマスコミ操作で説得力を持とうとしていることは、とっても危険なことです。今やインターネットで発信されるさまざまな「ニュース」が信憑性を問われず、そう、「フェイクニュース」含めて、どんどん発信されてしまう！　そして、驚かせる効果の大きいものが影響力を持ちます。

どう向き合えばいいのでしょうか？　難しいです。

そういえば、私の大好きなビョークというアーティストが、9・11アメリカ同時多発テロの後に出したコメントが素晴らしかった！

「大きな事件かもしれないけれど、ほとんどの人には関係ないことです。みんなが普通に暮らしていることの方が、ずっと大事ですから。」

そう、ニュースにならない、普通の人々のことが一番大事なんです。この考え方を、どんな時も心に置いておきましょう！

まさに「We are the 99%」なんです。

大きな力に揺さぶられたくない！　これが原則です。その意味で、少し違ったテーマではありますが、「We are the 99%!」という運動がアメリカで起こり、ニューヨークのウォール街を若者たちが占拠したことがありました。２０１１年9月のことです。２００1年9月11日、アメリカ同時多発テロがあってからちょうど10年というのも、何か引き金になったかもしれません。

たった1パーセントの富裕層の資産が急激に増加して、２０１０年にはアメリカ総資産の約4分の１までに達している！　こうした収入の不公平や、税負担の不公平に対する抗議でした。収入の下位90パーセントを占める世帯の平均収入は９００ドル低下しているのに、トップ１パーセントの収入は70万ドル以上増加している！　これを世界に置き換えてみれば、まさに世界の富を、ほんのひと握りの国の、その1パーセントの人が握っていることになります。

世界で報道されることも、論議されることも、そのほんの1パーセントの人々の利害によって決められている！　そう考えると、この地球もすごいことになってきたな、と思わざるを得ません。気がつかなかっただけで、ずっと前からそうだったのかもしれない。そう思うと、これからの私たちの責任は大きいです。

99パーセントの私たちこそが、主人公なのだ、と大きな声で言い続けましょう。

8

自分たちの生命、暮らしを
どのようにして守るかは、
自分自身で考えていかなければならない。[★14]

哲さんの最も大切にしていることですね。

でも日本人の中で、命の安全保障を自分で考えなきゃいけない、と考えている人は少ないと思います。

私がＵＮＥＰ（国連環境計画）の活動を始めた頃、20年ぐらい前ですが、大学生たちと話したことがあって、その時、学生の一人が言ったんです。

「環境問題っていいますけど、日本にはちゃんと環境省っていうのがあるんだから、十分考えてくれてるんじゃないんですか？」と。

驚きました。そんなこと言ってると、哲さんに怒られますよ！「ボーッとして生きてんじゃねえよ！」って。

じゃあ、日本の頼みの綱を見渡してみましょうか。

「国土交通省」は、どうも自然破壊がお好きなようで、「経済産業省」はなんといっても原発が大好き。「農林水産省」は農業を輸出型にして食糧自給率を下げることに一生懸命。「防衛省」は早く戦争のできる国になりたいと張り切っています。さあ、全部お任せ、ということでいいんですね？

そうなると、やっぱりまずいなあ、と思うでしょう？

だから哲さんが、若い人にどうしても言いたいそうです。

「今、大人がしていることを鵜呑みにしては、大変なことになる。」

このままでは「日本は破滅への行進」だと。

さあ、では、どのように命を守ることを自分で考えられるか！

日本人にとって、自分の暮らしを自分で守ろうとすることが難しいのは、徹底した分業社会だからではないでしょうか？

食べるものも、スーパーで買うとしたら、どこかで、あるいはどこかの国で生産してる人がいて、それを経営する企業があって、輸入する業者がいて、食品加工する会社やパッケージする会社があって、仕入れや配達などスーパーの商品管理部門が仕切って、運送会社が運んできたものを手にしています。そのどこかを自分の好きなようにしたくても、立ち入る隙がないんです。

なんとかして、食だけでも自分で考え、自分で決める自給型を目指すなら、第一歩は自炊ですね。できれば八百屋で材料を買ってきて自分で料理する。それでだいぶ、自分の側に主導権が近づきます。もう少し頑張って、知り合いの農家から野菜を直接買う。もっとやる気なら、自分で畑をする。ついでに狩りもね。

これは、食べる行為を自分で守るひとつの方法です。

国の方向も自分で考えてみようとしても、遠すぎるんですよね。一人の人間の発言権や決定権が、生かされにくいシステムです。まず省庁の縦割り行政、という問題もある。

例えば、学校は文部科学省の管轄だけど、給食は厚生労働省、幼稚園は文科省だけど、保育園は厚労省というふうに、地域で何か変えていこうとしても、いちいちお伺いを立てたり、稟議にかけたりしていかなくてはならない。

上から降りてきた決定に抵抗しにくい構造がいつのまにかできているんです。

この完璧なまでの管理システムは、ちょっと動物園の動物に近いかな。何もしなくても飼育係が運んでくる餌があり、暑さ、寒さも誰かが管理、自分たちには手の届かないところで準備され、全てが与えられる環境。その代わり、飼育係がいなくなったら、即、滅亡です。

だから、若者よ、長いものに巻かれてる場合じゃないぞ、もっと「無鉄炮に生きてもいいじゃないか」と哲さんは言うのです。自分なりの判断をすること。できるだけ自分で作ること。

そしてタップリ楽しんで生きることでしょうか！

9

人はしばしば勝手に、自分で生きているように考える。だが、生かされているのだ。★15

この言葉は、精神科医としての哲さんと、キリスト者として哲さんが行きついた摂理のように思います。

人間中心、自分中心の感じ方は、どうしても行き詰まる。原因、結果を自分自身に問うことで無意識を意識化してしまおうとする近代的な精神分析学を批判したビクトール・フランクルとの出会いがまず、ありました。

「悩む者に必要なのは、無意識を意識化することではなく、意識を無意識の豊かな世界に戻すこと。」

ちょっと難しいですが、「無意識の豊かな世界」ってなんなのでしょうか。

そこで哲さんが出した言葉が「空の空《くう》、一切は空である。」

あ、仏教の言葉、と思ったら、これは聖書（伝道の書）の言葉なのだそうです。

「空とは虚無ではなく、豊かさと神聖さを秘めたなにものか」

つまり、無限の大きさの何かですね。

「今ここ自分」という小さな存在が、その何か大きなものにつながっている、と感じること。私は宗教的にも哲学的にも突き詰めたことはないですけど、詩や曲を作る時に、ポカーンと空っぽになった瞬間に、どこかから何かがやってくる、という不思議な瞬間に何度も出逢います。

詩も曲も「私が作る」ということを超えたどこかから、つまり豊穣な無意識の世界からやってくるんですよね、きっと。

いわゆる、考える、という意識の連続性が途切れた時、そう、太陽を隠している雲が切れた時のように、スパッと抜けた空が見えるんです。だから詩というものは、何か自分を超えさせてくれる魔法の絨毯のようなものと、いつも思います。

この世にこんなにたくさんの人がいて、でも友達になったり、恋人になったり、通りすがりの人と抜き差しならなくなったり、ただ向き合って歌を聴いてくれている人とたしかにつながったと感じたりする。

その訳のわからなさが、この人生を素晴らしいものにしてくれているんです。

鴨川に移住してきたサーファーの一人にインタビューしたことがありました。

彼が話してくれたのは、波に乗った後、大きな波の輪の中に入ってしまう最高の瞬間がある、というんです。それをチューブというらしいんですが、そのチューブに入った時、一番危険なのは、チューブから外に出る瞬間。内の世界から外の世界に出る時、大事なのは何も考えないことだ、というんです。

少しでも何かを考えると、必ず何かよくない力学が働いて、波に揉まれるとか、滅多撃ちされるとかいうことが起こる。何も思わず、自然な力に身を委ねるような気持ちでいると、失敗しないというんです。

中村哲さんが、これまでのさまざまな紆余曲折を、あたかも急流を下るカヌーイストのように、危機一髪の難局を乗り越え、大きな決断を下す時、あの小さな体に宿っていたのは、大きな無限の力だったでしょう。

すごい勇気を持って決断した、というより、考えるより前に確かな答えが降ってきた、というふうに。

「人はしばしば勝手に、自分で生きているように考える。だが、生かされているのだ。」

この言葉には、落下寸前のギリギリの山道を歩き通した人の実感がこめられている、と思います。

「空」という大きな摂理を、ゆったりと呼吸するように、体に感じていたい！　そう思います。

10

正義・不正義とは、明確な二分法で分けられるものではない。敢えて「変わらぬ正義」と呼べるものがあるとすれば、それは弱いものを助け、命を尊重することである。★16

「思想信条」とか、「信念」とか、この「正義」とか、意義あるはずのものが一向に役に立たない時代をいくつも経験してきた私たち。時にはこの「正義」とやらが戦争の大義に持ち上げられ、ある時は「思想信条」が弾圧や虐殺の対象とされる！　惨憺たる歴史ですよね。

哲さんが、こんなことを言っていました。

「うっかり信念なんて持ってしまうと、ヒットラーみたいになっちゃうこともありますから……。」

さまざまな社会活動が行われる時も、「住民への配慮よりも、自己の思想信条を優先する奇怪な倒錯に出くわす」という哲さんの手厳しい言葉には、現実に命を救うことよりも、悪戯に混乱を巻き起こすばかりの社会運動への怒りも込められている、と思います。

哲さんの活動を1983年から支え続けてきた「ペシャワール会」も、言葉で目標や理念を並べ立てたりしない、緩やかな人的つながりが生きている組織のようです。

あえて言えば「三無主義」なのだそうです。

「無思想、無節操、無駄」。

「無思想とは特別な考えや立場、思想信条、理論に囚われないこと」

「無節操とは、誰からでも募金を受け取ること」

「無駄とは、『無駄だったね』と率直に言えること」

うーん、なるほど。

「無思想」は、もう哲さんの原則ですから説明はいらないでしょう。「無節操」はちょっと大丈夫かな？　と思うかもしれませんが、哲さんはこんな素敵な自慢話を紹介しています。

アフガンのバザールで、乞食男が「人に施しを与えることは、神に対して徳を積むことだ」と偉そうに演説したものだから、「じゃあ、あなたもハンセン病患者を救う私たちの活動に施しをして、徳を積まれたら、どうですか？」と哲さんが言ったら、彼が躊躇なく、集めた小銭を差し出したというお話。★17

何かいいなあ、この堂々たる対話。哲さんはこの人がまるで高僧のようだったと、書いています。こういう大きな信念は人を温かくしますね。

「無駄」というのは、ちょっとあれっ？　て思うかもしれませんが、この言葉にこそ深い思いが込められているように思います。

組織というと、やたら意義深さを連ねたり、無駄なく資金を活用しているかと説明を求めたり、活動の成果を示さなくてはならなかったり。そうしたことへの哲さん独特の含羞ですね。

人間の行いに、無駄でないことってあるのか、と。

全てが「無駄」に見えるけれど、どうしてもしなければならないことがあり、意義あることと思い込んでいても結果が無駄に終わることもある。

「無駄」でいいんだ、と赦《ゆる》す気持ち。哲さんらしいです。

私もペシャワール会の末端に参加しているひとりとして、いつも会えばホッとする、それでいて何となく頼もしい、そんな人のつながりがうれしいです。

中村哲さんの穏やかな厳しさ、恥ずかしそうな優しさ、決して強そうにはみえないたくましさ。これが生き方の極意だと思います。

絵・加藤登紀子

エピローグ

哲さんが亡くなった衝撃の中で迎えた２０２０年は、新型コロナ感染症のパンデミックに世界が翻弄されることになりました。

そしてそれから1年以上、その確かな収束を見ないまま、2度目の夏を迎えています。

みなそれぞれが、自分自身の暮らしと向き合う、類い稀な時間を経験したことでしょう。

家族とも、友人とも、思うように会えない。

仕事の場がどんどん失われる不安でいっぱい。

好きな音楽も、スポーツも、映画も、お芝居も、我慢しなくちゃならない。

毎日、食事を作り、命を守る、その課題にまっすぐ向き合いながら、改めて哲さんのおっしゃっていた、「三度の飯を家族と一緒に食べる普通の暮らし。それが彼らの願いです」という言葉を噛み締めました。

プロローグで書いたように、「人はみな偶然の場所で、ある日突然生まれる」んですよね。

光には影があるように、歩き出すその道はいろんな偶然との遭遇で、時にはくっきりと明暗に分けられる！

哲さんより3年早く、中国大陸で生まれた私は、1歳8か月で終戦を迎え、その1年後に日本に引き揚げました。

そして最初に踏んだ日本の土が佐世保の浦頭《うらがしら》という港。第二部の4で書いた、1968年、もしかしたら藤本敏夫と哲さんが会っていたかもしれない、学生や市民がアメリカの原子力空母エンタープライズの寄港を阻止しようとした佐世保です。

私の家族は、幸い全員無事に帰国でき、その後も無事に生きてきたので、母もその経験を宝物のように語ってくれ、私の生き方を支えてくれました。

もし、それが悲しい結末になっていたら、その物語はまるで違った憎しみと悔恨に満ちたものになっていたかもしれません。それはどうしようもない運命です。

中村哲さんには、日本人の戦争に身を挺して向き合った作家、火野葦平さんという伯父さんがおられ、戦後、戦争責任という重圧の中で、自問自戒の懊悩の内に自死された。その壮絶な姿から受け止めた無念さや悔しさは、哲さんの心の土壌にしっかりと根を張っていた、と思います。

命という強烈な陰影の中で、それでも生き抜くということは、自らが光になること。どんなに真っ暗な絶望の中でも、暗ければ暗いほど、生まれて来る光はたくましく強いものだと、哲さんのアフガンへの思いから受け止めました。

その思いを、「中村哲医師が見たアフガンの光」のタイトルにこめています。

現代史の中でのあらゆる問題の凝縮された悲劇の舞台となってしまったアフガニスタンと、全身全霊で向き合った哲さんに、いつも見えていたのは、そこに生きる人たちの、眩しいほどの無垢な光だったと思います。

今の日本の曖昧に明るすぎる暮らしの中では、闇も光も見えにくいのです。

でも、２０１１年３月11日の東日本大震災で思い知らされました。

この凄まじい災害列島に54基もの原発を作ってしまった、その解決不可能な闇をかかえていることを。

その闇をまっすぐ見ようとする力が、私たちにあるでしょうか？

その戸惑いを少しでも強い意志に変えていきたい、その願いの中で、哲さんの人生を見つめることができたことを、本当にありがたく思っています。

この本の執筆を私に提案してくださった合同出版の鈴木庸さん、本の完成までの道のりを最後まで引っ張っていってくださり、本当にありがとうございました。

たくさんの写真や資料の提供など、ご協力いただきましたペシャワール会のみなさまにも、心から感謝しております。

これからを生きる若い人たちに、この本から少しでも光となる力をつかんでいただけたらと願って、この本を世に贈ります。

２０２１年７月

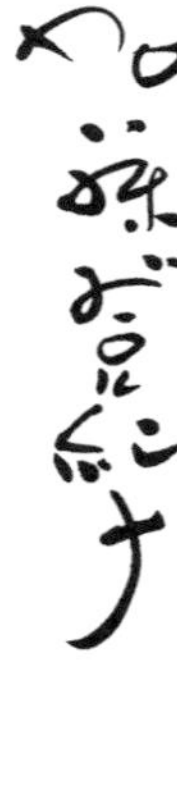

■中村哲医師、ペシャワール会、PMSの活動の足跡

1946年	中村医師、福岡市に生まれる。
1973年	九州大学医学部を卒業し、国立肥前療養所（現・肥前精神医療センター）に勤務。
1975年	大牟田労災病院に勤務。
1978年	「福岡登高会」ティリチ・ミール遠征隊同行医師として、パキスタンに初入国。
1983年	ペシャワール会発足。
1984年	ペシャワールのミッション病院に赴任し、ハンセン病患者の診療にあたる。
1986年	内戦によるアフガン難民のための診療所を開設。パキスタン北西辺境州の難民キャンプへ巡回診療を開始。ハンセン病棟にサンダル工房を開設。ALS（アフガン・レプロシー・サービス）を設立。
1989年	ALSからJAMS（日本・アフガン医療サービス）に改称。
1991年	JAMSがアフガニスタン国内に最初のダラエ・ヌール診療所を開設。
1992年	JAMSがダラエ・ピーチ診療所を開設。
1994年	JAMSがダラエ・ワマ診療所を開設。ペシャワール会がPLS（ペシャワール・レプロシー・サービス）病院を設立。
1998年	ペシャワール会がペシャワールにパキスタンとアフガニスタンの活動の拠点となるPMS（ペシャワール基地病院）を設立。
2000年	アフガニスタンで大干ばつが発生。中村医師は灌漑事業を決意し、井戸掘りを開始。
2001年	PMS、カブールに5カ所の診療所を開設。アメリカ軍らがアフガニスタンを空爆。他のNPO団体がアフガニスタンを離れる中、ペシャワール会は6億円の寄付を集め、食糧配給を行った。また、中村医師は国会の参考人として呼ばれ、意見を述べた。

2002年　PMS、「緑の大地計画」を発表。
2003年　用水路の建設を始める。
中村医師、アジアのノーベル賞と呼ばれる「マグサイサイ賞」を受賞。
2005年　国際治安支援部隊の活動の影響で、治安が悪化。ダラエ・ピーチとダラエ・ワマ診療所を閉鎖。
2007年　マルワリード用水路第一期工事完工。
2008年　伊藤和也さんが殺害される。日本人ワーカー帰国開始。
2009年　マルワリード用水路最終地点ガンベリ砂漠に通水。試験農場を砂漠へ移す。
2010年　マルワリード用水路が完成。モスク、マドラッサ譲渡式。
クナール河全域で大洪水。用水路各所が決壊。改修、補修工事着工。
2013年　カシコート護岸工事完工。
マルワリード・カシコート連続堰竣工。
2014年　ガンベリ農場で栽培したサトウキビで黒砂糖の生産に成功。
2016年　ガンベリ農場にてオレンジを初収穫。
2018年　PMSと中村医師がアフガニスタンのガニ大統領から勲章を授けられる。
2019年　中村医師、アフガニスタン・イスラム共和国市民証を授与。
12月4日、作業現場に車で向かう途中で中村医師、銃撃され、中村医師とドライバー1名、ガード4名が死亡。

■アフガニスタンの現代史

1747年	ドゥッラーニー朝が興る（アフガニスタン建国）。
1839～1842年	第一次アフガン戦争でイギリス帝国とたたかう。
1878～1880年	第二次アフガン戦争で負け、イギリス帝国の保護国になり、外交権がイギリスのものになる。
1887年	イギリスとロシア、アフガン国境協定を結ぶ。
1893年	デュランド・ラインが確定し、本来アフガニスタンである北西辺境州のエリアが、英領インドとなる。英領インド帝国の外相がモティマー・デュアランドだったことが、デュランドラインの由来。
1919年	第三次アフガン戦争が起こる。アフガンは勝利し、外交権を回復して完全独立、アフガニスタン王国となる。
1933年	ザーヒル・シャー、アフガニスタン国王に即位。
1953年	ムハンマド・ダウード首相就任。
1963年	ダウード首相の急進的な改革は世論の反発を受けたため、ザーヒル・シャー国王がダウード首相を退陣させる。
1973年	ダウードがクーデターを起こし、大統領に就任。王政を廃止し、アフガニスタン共和国が成立する。 大干ばつが起こる。
1978年	クーデターにより、ダウード大統領が暗殺され、社会主義政権が成立。アフガニスタン民主共和国となり、タラキ議長、カルマル副議長が就任。
1979年	タラキ議長暗殺。アミンが実権を握り、大統領に就任。 12月24日、ソ連軍がアフガニスタン侵攻を開始（アフガン戦争）。

1987年	ナジブラ大統領就任。
1988年	ジュネーブ協定が締結され、5月、ソ連軍がアフガニスタンから撤退を開始。
1989年	2月にソ連軍撤退完了。アフガニスタンでは200万人が死亡、600人が難民に。
	11月9日、東西ベルリンの壁崩壊。
1994年	反政府ゲリラ8派による内戦が激化。7月にタリバーン登場。
1996年	タリバーン政権が首都カブールを制圧。新政権樹立。
1998年	タンザニアとケニアの米大使館が連続爆破される。
2000年	12月、国連安保理事会がウサマ・ビンラディンとタリバーンに制裁決議。
	干ばつが深刻化し、1200万人が被災。100万人が餓死線上に立つ。
2001年	9・11アメリカ同時多発テロ発生。10月7日、アメリカ、イギリス軍が報復爆撃を開始。
	11月、タリバーン政権崩壊。国連安保理決議で国際治安支援部隊（NATO軍）が参戦。
2002年	カルザイ大統領が就任し、東京でアフガン復興支援国際会議が行われる。
2003年	イラク戦争勃発。
2010年	治安が著しく悪化。爆破事件や自爆テロが急増。
2011年	アメリカ軍、ウサマ・ビンラディンを殺害。
	国際治安支援部隊がアフガン治安部隊への「治安権限移譲」を開始。アメリカ軍、撤退開始。
2014年	アシュラフ・ガニが大統領に就任。
	国際治安支援部隊が「治安権限移譲」を終了。
2015年	アメリカ軍が撤退を延期。
2021年	アメリカ軍の撤退を決定。

■出典一覧（第一部は◆、第二部は●、第三部は★と番号で出典を記しました。）

『ペシャワールにて（増補版）』
◆2 ◆3 ◆5 ◆9 ◆12 ◆13 ◆16 ◆17 ◆19 ◆20 ◆22 ◆23 ◆50

『ダラエ・ヌールへの道』
◆14 ◆15 ◆24 ◆25 ◆26 ◆27 ◆28 ◆29 ◆30 ●4 ★15 ★17

『医者、井戸を掘る』
◆32 ◆35

『医者よ、信念はいらない まず命を救え！』
◆1 ◆6 ◆7 ◆8 ◆18 ◆31 ◆33 ◆34 ◆36 ◆40 ●5 ★1 ★2
★3 ★4 ★5 ★6 ★7 ★8 ★9 ★10 ★11 ★12 ★13 ★14

『医者、用水路を拓く』
◆37 ◆38 ◆39 ◆41 ◆42 ●2 ★16

『天、共に在り』
◆10 ◆11 ◆21 ◆43 ◆44 ◆45 ◆46 ◆48 ●3

『希望の一滴』
◆4 ◆47 ◆49

『登紀子倶楽部通信27号』
●1

■参考にした本

『ペシャワールにて（増補版）―癩そしてアフガン難民』（中村哲著、石風社、1992年）
『ダラエ・ヌールへの道―アフガン難民とともに』（中村哲著、石風社、1993年）
『アフガニスタンの診療所から』（中村哲著、筑摩書房、1993年）
『医者 井戸を掘る―アフガン旱魃との闘い』（中村哲著、石風社、2001年）
『医は国境を越えて』（中村哲著、石風社、1999年）
『ほんとうのアフガニスタン―18年間〝闘う平和主義〟をつらぬいてきた医師の現場報告』（中村哲著、光文社、2002年）
『辺境で診る辺境から見る』（中村哲著、石風社、2003年）
『医者よ、信念はいらない まず命を救え！―アフガニスタンで「井戸を掘る」医者 中村哲』（中村哲著、羊土社、2003年）
『アフガニスタンで考える―国際貢献と憲法九条』（中村哲著、岩波ブックレット、2006年）
『医者、用水路を拓く―アフガンの大地から世界の虚構に挑む』（中村哲著、石風社、2007年）
『人は愛するに足り、真心は信ずるに足る―アフガンとの約束』（中村哲・澤地久枝〈聞き手〉、岩波書店、2010年）
『天、共に在り―アフガニスタン三十年の闘い』（中村哲著、NHK出版、2013年）
『アフガン・緑の大地計画―伝統に学ぶ灌漑工法と甦る農業』（中村哲著、石風社、2017年）
『希望の一滴―中村哲、アフガン最期の言葉』（中村哲著、西日本新聞社、2020年）
「ペシャワール会会報」

ペシャワール会は中村哲医師が率いた現地事業体ＰＭＳ（Peace Japan Medical Services、平和医療団・日本）を支援し続けている国際ＮＧＯです。
入会などのお問い合わせは、事務局宛にお願いいたします。

〒810－0003
福岡市中央区春吉1－16－8　ＶＥＧＡ天神南601号
ＴＥＬ　092－731－2372
ＦＡＸ　092－731－2373
e-mail　peshawar@kkh.biglobe.ne.jp
ホームページ　http://www.peshawar-pms.com

■写真提供
ペシャワール会／ＰＭＳ
トキコ・プランニング
毎日新聞社（カバー、55ページ）
共同通信社（72ページ）

2020年3月26日、鹿児島で開かれた中村哲さんの追悼コンサートで。

加藤 登紀子（かとう・ときこ）

1943年、ハルビン生まれ。

1965年、東京大学在学中に第2回日本アマチュアシャンソンコンクールに優勝し歌手デビュー。

1966年『赤い風船』でレコード大賞新人賞、1969年『ひとり寝の子守唄』、1971年『知床旅情』ではミリオンセラーとなりレコード大賞歌唱賞受賞。

以後、80枚以上のアルバムと多くのヒット曲を世に送り出す。

国内コンサートのみならず、1988年、90年N.Y.カーネギーホール公演をはじめ、世界各地でコンサートを行い、1992年、芸術文化活動における功績に対してフランス政府からシュバリエ勲章を授けられた。近年は、FUJI ROCK FESTIVALに毎年出演し、世代やジャンルの垣根を超え観客を魅了し続けている。

また年末恒例の日本酒を飲みながら歌う「ほろ酔いコンサート」は45年以上続いていて人気のイベントとして定着している。

歌手活動以外では女優として映画『居酒屋兆治』（1983年）に高倉健の女房役として出演した。宮崎駿監督のスタジオジブリ・アニメ映画『紅の豚』（1992年）では声優としてマダム・ジーナ役を演じた。

地球環境問題にも取り組み、1997年WWFジャパン顧問及びWWFパンダ大使就任。

2000～2011年には環境省・UNEP国連環境計画親善大使に就任。アジア各地を訪れ、自らの目で見た自然環境の現状を広く伝え、音楽を通じた交流を重ねた。

私生活では1972年、学生運動で実刑判決を受け獄中にいた藤本敏夫と結婚し長女を出産。現在 子３人、孫７人。次女Yaeは歌手。

夫・藤本敏夫（2002年死去）が手掛けた千葉県「鴨川自然王国」を子どもたちとともに運営し、農的くらしを推進している。


【主な著書】

『登紀子1968を語る』（情況出版）、『運命の歌のジグソーパズル』（朝日新聞出版）、『愛の讃歌―エディット・ピアフの生きた時代』（東京ニュース通信社）、『自分からの人生―加藤登紀子のひらり一言』（大和書房）、『登紀子自伝―人生四幕目への前奏曲』（トキコ・プランニング）など多数。

ホームページ　https://www.tokiko.com/

※本書の印税の一部はペシャワール会に寄付されます。

装丁・本文デザイン — 岩瀬 聡
本文組版 — 恵友印刷制作部

哲さんの声が聞こえる　中村哲医師が見たアフガンの光

2021年 7月20日　第1刷発行
2021年12月25日　第4刷発行

著　　者　加藤 登紀子
発 行 者　坂上 美樹
発 行 所　合同出版株式会社
東京都小金井市関野町1-6-10
郵便番号　184-0001
電話　042（401）2930
振替　00180-9-65422
ホームページ　https://www.godo-shuppan.co.jp/
印刷・製本　恵友印刷株式会社

■刊行図書リストを無料進呈いたします。
■落丁・乱丁の際はお取り換えいたします。

ISBN978-4-7726-1465-8　NDC360　216×151

JASRAC 出 2105142-101